SOMOS LOS PLATERO
ESTO ES ROCK AND ROLL Y NO SOMOS AMERICANOS
Biografía No Oficial de Platero y Tú

Jorge Franco Bustos

© 2012 Jorge Franco, por el texto. Todos los derechos reservados.

ISBN 978-84-616-0070-0

Primera Edición: Agosto 2012

Diseño y Portada: Jorge Franco

Queda rigurosamente prohibida, sin la autorización escrita del titular del copyright, bajo las sanciones establecidas por las leyes, la reproducción parcial o total de esta obra por cualquier medio o procedimiento, comprendidos la reprografía y el tratamiento informático, y la distribución de ejemplares mediante alquiler o préstamo.

PRÓLOGO

Tras haber escrito una biografía sobre Los Suaves, me decidí a afrontar mi próximo reto, el escribir una biografía sobre el grupo bilbaíno Platero y Tú. Buscando información sobre el grupo a través de internet, y en infinidad de revistas, publicaciones, fanzines, videos, etc. Y una vez recopilada toda la información, he estado entrelazando y corroborando todos los datos para empezar a dar forma a este proyecto. Ha sido un trabajo duro y difícil, ya que encontrar información sobre este grupo es bastante complicado. Pero dando un resultado que considero muy interesante para cualquier seguidor de este grupo.

Es un libro para cualquier seguidor de Platero y Tú que haya podido disfrutar de sus discos y sus directos, y cualquiera que quiera conocer a este grupo que marcó una época dentro del Rock Nacional. Y sobre todo, con este ensayo dar a conocer en forma de libro su historia, siempre desde el punto de vista de los aficionados.

Otra pequeña aportación al mundo del rock, que os acercará al mundo de los duros inicios de los grupos, de sus composiciones, de largas horas de estudio, y del duro trabajo para hacer unos directos magníficos.

Jorge Franco

Palma, 27 de enero de 2012

ÍNDICE

		Página/s
1	ROCK RADIKAL VASCO	7
2	PLATERO Y TÚ	17
3	INICIOS	21
4	VOY A ACABAR BORRACHO	31
5	BURROCK'N'ROLL	39
6	MUY DEFICIENTE	43
7	VAMOS TIRANDO	49
8	HAY POCO ROCK & ROLL	57
9	A PELO	65
10	7	73
11	CORREOS	81
12	LA RUPTURA DE LOS PLATERO	91
13	TRAS PLATERO	97
14	FITO CABRALES	103
15	IÑAKI ANTÓN "UOHO"	117
16	JUANTXU OLANO "MONGOL"	119
17	JESÚS GARCÍA MAGUILA	121
18	COMPOSICIÓN	123
19	DIRECTOS	129
20	DISCOGRAFÍA	133
21	BIBLIOGRAFÍA	143
22	ÍNDICE DE GRUPOS	147
23	AGRADECIMIENTOS	151
24	EL AUTOR	152

"La cultura es tortura"
Letra de *La Cultura* de **Kortatu**

ROCK RADIKAL VASCO (1983-1993)

La situación en el País Vasco a principios de los años 80 se presenta con una crisis económica profunda, desembocando en altos niveles de desempleo, un rechazo de una cultura escolar y tradicional, que no encaja con la realidad social que estaba viviendo parte de la juventud[1], una marginalidad en los suburbios, conllevando un aumento del consumo de drogas de moda, la heroína, dispersión política de la izquierda nacionalista vasca haciendo que la transición política en el País Vasco fuera más lenta, en los períodos de más violencia de ETA, frente al plan Zona Especial Norte por parte del Ministerio del Interior y la creación del GAL.

A partir de la segunda mitad del siglo XX emerge un estilo de vida que no era tradicional en las clases populares y que defiende una "cultura juvenil", donde el cine, la música y el deporte son sus elementos más relevantes. Se trata de una nueva forma de ocupación del ocio a través de manifestaciones que hasta ese momento eran exclusivas de los jóvenes de las clases acomodadas. En esta situación anómica, muchos jóvenes encontrarán una vía de autoafirmación y de expresión a través de la música Punk. Este movimiento musical había nacido en el Reino Unido en la década de los setenta, y puede considerarse como el reverso del movimiento hippie. Siendo un movimiento que rechaza una sociedad que con un presente malo y un peor futuro, en que destaca su aspecto antisocial. Importantes sectores de la juventud vasca que se encuentran buscando una vía propia de expresión y de construcción de su identidad, y encontraron en

---

[1] EL ROCK RADICAL VASCO EN LA DÉCADA DE LOS 80. Paulí DÁVILA BALSERA; Josu AMEZAGA ALBIZU. 2003

el Punk algo más que una estética: toda una manera de ver el mundo. Una de las virtudes del Punk, en su rechazo de esa sociedad que a su vez lo rechaza, es la filosofía del "cualquiera puede hacerlo", que aplicada a la música llevará a miles de jóvenes que sin haber tocado previamente un instrumento en su vida, acabarán formando grupos musicales al margen de cualquier alfabetización musical, de ahí su riqueza expresiva. Durante los primeros años de los ochenta, el País Vasco vio nacer una oleada de grupos Punk, debido a la situación sociopolítica. Todo este conjunto propiciará un movimiento heterogéneo, del que surgirán durante la década más de 1.500 grupos musicales. Dentro de esa diversidad, el Punk-Rock será el movimiento más influyente.

La nueva etiqueta del Rock Radikal Vasco ve su origen a través del diario Egin en 1983, tras una reunión entre los hermanos Goñi (discográfica Soñua) y José Mª Blasco (diario Egin), en el que justificaba su validez por la existencia de una serie de grupos (**RIP**, **Eskorbuto**, **Zarama**, **Barricada**, **La Polla Records** y **Hertzainak**), por las condiciones socioeconómicas, el radicalismo de sus letras y el hecho de que algunos de ellos utilizaran el euskara. Otro gran acontecimiento es el festival en contra de la adhesión de España a la OTAN en 1983, organizado por José Mari Blasco (ex manager de **La Polla Records**) y Marino Goñi (fundador de las discográficas Oihuka), *"tenía la pretensión de ser una movida que diera el nombre a la música de aquí, y sobre todo fuera de aquí. La etiqueta tardó dos años en salir de Euskadi al resto de España. No fue ningún negocio, en todo caso, se pasó de sacar tiradas de 3.000 a sacar 5.000"* comenta José Mari Blasco. La designación de este movimiento musical se llegó a considerar como comercial y apátrida, por parte de muchos grupos de aquella época como **Eskorbuto** o **MCD**. Para la mayoría de los grupos, se consideraban como partícipes de un movimiento anti-sistema, como expresaba uno de los representantes más conocidos del Rock Radical vasco, *"la cultura es tortura"* (**Kortatu**), identificando bajo ese epígrafe a la cultura escolar recibida y la crítica a los valores dominantes. Muchos grupos admiten que existía un denominador común entre muchos grupos vascos, que reside en unas letras combativas que nunca compondría una banda de Rock de Valladolid, pongamos por caso. *"Lo único que pasa es que somos más vascos que la hostia"*[2], reconoce Gari, el cantante de **Hertzainak**. Pero las etiquetas no iban con esta clase de grupos: *"Lo del Rock Radical Vasco es un cuento, una tontería"*, dice Fermín, el cantante de **Kortatu**, *"eso del Rock Radical es una etiqueta, un invento"*, dice Quique, de **Hertzainak**. Para Roberto Moso, periodista y ex miembro de **Zarama**: *"El 'colectivo', si se le puede llamar así, estaba muy unido en lo personal. Éramos gente de la misma generación, que habíamos tenido varias experiencias similares, que procedíamos de entornos urbanos, que habíamos flipado con* **Leño**, **Burning**, *los* **Pistols** *y también con* **Urko**, *con* **Gontzal eta Xeberri** *y con* **Mikel Laboa**, *que nos gustaba la noche, que teníamos quince años cuando murió Franco, trece cuando mataron a Carrero, dieciséis cuando la matanza de Vitoria (con Fraga de responsable)... En fin, lo político no era demasiado partidista, era mucho más vivencial... luego llegaron los que trataron de capitalizarlo y en buena medida lo consiguieron"*.

Hubo un apoyo a este movimiento musical por parte de los fanzines, radios libres, gaztetxes[3], la sección cultural del diario Egin y sellos musicales que apoyaron el movimiento, como Discos Suicidas, IZ, Elkar o Soñua.

---

[2] Reportaje: El 'rock' es más duro en el Norte. Gabriela Cañas. 1986
[3] Centro social okupa autogestionado

El movimiento reunió a grupos de diferentes estilos: Rock urbano, Punk, Ska y Reggae, con una influencia clara del Punk en sus inicios, que recuerda a grupos como los **Sex Pistols, Ramones** o **The Clash**. Se movían por locales pequeños y tenían sus propios circuitos, también realizaron conciertos por el resto de España, en el que dieron a conocer el movimiento para un público: *"que era una mezcla de pasotas, punkis de verdad y de escaparate, abertzales marchosos y borrokas, barriobajeros, 'fanzinerosos', hippies tardíos, insumisos, en fin, marginados marchosos de toda índole y algunos yonquis"*, recuerda Josu Zabala, músico y ex miembro de **Hertzainak**.

El grupo terrorista ETA acogió sin reparos a ciertos grupos del Rock Radical Vasco, convirtiéndoles en su bandera mediática, frente a una juventud vasca desencantada. Algunos grupos se desmarcaron de la banda armada ETA y continuaron con su particular ideología anti-sistema. La mayoría de las letras de todos estos grupos criticaban al Estado, la policía, la monarquía, el ejército, la iglesia, etc. Componían muchos grupos en castellano y otros en euskera, pero hubo grupos que cambiaron del castellano al euskera. Las discográficas registraron los fenómenos acontecidos con un cierto retraso, tardando en publicar los primeros elepés cantados en euskera dos o tres años, hasta acabar publicando un número similar en castellano y en euskera.

En la década de los noventa, el Rock vasco evoluciona hasta el punto de integrarse a distintos niveles, además de la lengua, los ritmos y estilos musicales. Llegándose a combinar el Rock con la música popular vasca, se desarrolla y evoluciona hasta ir adquiriendo una caracterización propia a través de la integración de elementos de la cultura vasca, como instrumentos autóctonos. Se trata, por lo tanto, de un fenómeno que explica ciertas formas de socialización juvenil, a partir de la música. En el caso del

País Vasco resulta patente que el Rock Radical vasco explica una situación de crisis de la juventud vasca y la carencia de unas alternativas culturales que no tienen cabida en una determinada manera de entender la cultura. Una de las conclusiones que saca Marino Goñi es: *"Lo de la etiqueta, te digo que, me cago en ella, me he cagado seiscientas veces. Yo creo que lo que vale es todo lo que había de antes y todo lo que se ha hecho después. Lo que vale es la labor de un grupo en un garaje ensayando... y que la gente va, no hubieran existido los grupos si no hubiera habido un montón de gente detrás que los hubiera aupado a la fama"*

Durante y después de la explosión del movimiento en el País Vasco surgieron otros grupos radicales por toda la península, *"aunque el País Vasco fue el primer sitio donde se manifestó el movimiento, en otros puntos de la península surgieron bandas radicales que con el tiempo han sido tan o más importantes que las vascas: **Extremoduro**, **Reincidentes**, **Los Suaves**, etc."*, reconoce Marino Goñi, productor artístico. Y se establecieron, en muchos casos, influencias entre estos grupos, como **Reincidentes** (Sevilla), **Extremoduro** (Extremadura), **Boikot** (Madrid), **Dixebra** (Asturias), **Guerrilla urbana** (Canarias), etc.

Con el avance de la década de los ochenta, la furia de los grupos del Rock Radical se fue apagando, pero los noventa trajeron una nueva oleada de creatividad. En la actualidad la herencia del llamado Rock Radical vasco ha sido retomada por las bandas mestizo-nacionalistas y por combos más metálicos como **Etsaiak**, **Su Ta Gar** o **Anestesia**, en euskera, o **Soziedad Alcohólika** y **Beer Mosh**, en castellano[4].
Los grupos más representativos de la época fueron y/o son:

---

[4] www.lafactoriadelritmo.com/mvasca/historia.shtml.

Barricada (1982-actual) es un grupo de Rock navarro con 21 discos a sus espaldas, debutaron en directo tocando en la plaza de la Txantrea en Pamplona, y repetirían el concierto 25 años después. El grupo siempre ha creado música reivindicativa con una base de Rock&Roll duro.

Eskorbuto (1980-1999) fue un grupo de Punk originario de Santurtzi. Han sido muy influyentes en el panorama Rock y Punk, nunca exentos de críticas. Llegaron a ser encarcelados por sus letras, aplicándoles la ley antiterrorista. Hubo confrontación con grupos como **La Polla Records**, e incluso no les dejaban tocar ni entrar en muchos locales. La historia de este grupo quedó marcada por la muerte de dos de sus fundadores en 1992, Iosu Expósito y Juanma Suárez. Tras sus muertes el grupo continuo, con muchas críticas por parte de sus seguidores. Su Punk era enérgico, nunca fueron grandes músicos ni compositores, pero expresaron sus ideas de su generación a través de sus canciones.

Herztainak (1981-1993) fue un grupo vitoriano que en sus orígenes mezclaba el Punk con ritmos de Reggae y Ska. En muchas de sus letras mantenía de fondo la situación política del País Vasco. Desde el principio mostraron una actitud provocadora, diferente al de otras bandas del momento. No sólo trajeron melodías de Ska, Rock o Reggae al mundo de la música vasca, sino que implantaron una conducta que era el claro reflejo de sus vidas. Por razones personales y profesionales, el grupo se despidió en 1993 con un concierto en el Velódromo Anoeta de Donostia.

Kortatu (1984-1988) fue un grupo vasco pionero en introducir el Ska en España. Empezarían haciendo canciones en castellano y en euskera, para terminar haciendo todas en euskera. El nombre del grupo proviene de un mugalari[5] que murió torturado a manos de la Guardia Civil. Tras 280 conciertos se separaría el grupo, para formar Negu Gorriak en 1990.

La Polla Records (1979-2003) fue un grupo Punk del País Vasco. Sus letras fueron muy críticas contra el fascismo, capitalismo, patriotismo, autoritarismo, catolicismo y política. En 1991 se prohíbe el nombre del grupo, por un contencioso administrativo con un extécnico de sonido expulsado del grupo. Tras la muerte de su batería Fernandito, deciden grabar su último disco y poner el fin a este grupo.

M.C.D. (1979-2004) es un grupo Punk bilbaíno, buscaron el acrónimo más usado en castellano. Un grupo que simbolizaba fuerza y potencia. Sus letras giraban en torno a Bilbao, el Athletic, crítica social y Rock&Roll. Tras abandonar Niko, el último fundador de la banda, decidieron editar su último disco en 2004.

Tijuana in Blue (1985-1992) grupo de Pamplona, referente en los ochenta en el Punk-Rock reivindicativo y vacilón. Supieron hacer himnos que cautivaron a una generación, y un gran directo, fueron inspiradores para muchos grupos posteriores.

Las Vulpess (1982-1983 y 2005) fue el primer grupo de Punk femenino. Se hicieron famosas tras una emisión del programa en TVE Caja de ritmos, en el que no censuraron nada de su canción *Quiero ser una zorra*, emitido en horario infantil y que levantó una gran polémica en España. Se separaron por la polémica creada, y se volverían a juntar en 2005 para grabar un disco.

Zer Bizio? fue un grupo influenciado por el Punk, Ska y Rock. Sus letras se caracterizan por la agresividad y hablan de frustraciones personales,

---

[5] **Mugalari** es una expresión en euskera que designa a una persona que ayuda a cruzar la frontera entre España y Francia a otra u otras que están siendo perseguidas por motivos políticos

trasgresión sexual y psicológica, problemas sociales, compromiso político, violencia personal y política. Participarían en un disco en directo, con **Sedientos** y **Platero y Tú**.

Su Ta Gar (1987-Actual) es un grupo de heavy metal formado en Éibar, un pueblo industrial de Guipúzcoa. Hoy por hoy, la banda está considerada como un clásico dentro de la escena musical euskalduna y su influencia en los grupos más conocidos de Euskal Herria. Considerado por muchos como los herederos y continuadores del Rock Radical Vasco.

Soziedad Alkoholika (1988-Actual) es una banda de Rock fundada en Vitoria, su estilo musical se puede definir como un sonido Punk más pesado, y sus letras son muy críticas con los militares, fascistas, racistas y sexistas. Han tenido muchos problemas con partidos políticos, medios de comunicación y otros.

Platero y Tú empezaría su andadura en plena efervescencia del movimiento Rock Radical Vasco, "*a nosotros ese movimiento nos pilló algo tarde, pero supimos sumarnos a esta estructura de salas, de gaztetxes, casas okupas, bares, distribuidoras alternativas donde podías pasar tus maquetas, fanzines... Convivíamos bien con esta corriente, aunque no estábamos politizados... Estábamos en tierra de nadie en realidad... Por encima de las movidas políticas y la concienciación de cada uno, en Platero nos juntamos cuatro tíos que más que nada éramos rockeros, y los rockeros siempre hemos ido a nuestro pedo. Claro que te influye vivir esa época aquí, tienes otra visión de lo que es el estado que si vives en Málaga, porque está claro que cualquiera que vivió aquí aquella época si no le partió la cabeza un policía se la partió a un colega, y eso te marca*" reconocen los miembros del grupo. Los Platero compartieron escenario con grupos de aquella época, como **Kortatu**, **MCD**, **Su Ta Gar**, **la Polla Records** o **Eskorbuto**, se introdujeron en ese circuito de conciertos, "*tocábamos en los gaztetxes como cualquier otra banda, y de hecho creo que aquel circuito alternativo era necesario porque no sólo habría camino a muchos músicos, sino también a grupos de teatro y mucha gente que de otra manera no habrían tenido acceso a difundir lo que hacían. Era un rollo alternativo pero no te pedían el carné, eran claramente de izquierdas, como era lógico, pero había gente muy abertzale y otros más punkarras como nosotros que no querían saber nada del tema. Está claro que en Euskadi el rollo político es muy fuerte, pero nosotros nunca tuvimos problemas. Si recibías alguna crítica del sector más talibán, pero era normal. Nuestro lema era –Nosotros somos borrachos, drogadictos y tocamos Rock&Roll- y nos dejaban en paz*". Pese a que el Punk era el estilo musical predominante, **Platero y Tú** se dedicó a hacer Rock&Roll, "*había muchos grupos que les apetecía hacer Rock&Roll y no lo hacían porque pensaban que aquí esto no se podía hacer y nosotros tuvimos la suerte y demostramos que haciendo Rock&Roll se podía funcionar bien. Y a partir de ahí pues han nacido grupos de Rock&Roll como los Flying, por ejemplo, o grupos que antes hacían otra cosa se han atrevido a hacer Rock&Roll. Quiero decir que creo que hemos puesto nuestro granito de arena para que se abra un poco el abanico*" nos cuenta orgulloso Uoho, el guitarrista del grupo.

"A veces me pongo a pensar en Platero y parece que todo aquello duró cinco segundos"

Fito Cabrales

PLATERO Y TÚ

El grupo vasco **Platero y Tú** ha sido considerado como uno de los mejores grupos españoles de la década de los noventa. Sus claves fueron la sencillez, la cercanía a la gente, sus historias transformadas en canciones y unos directos impresionantes.

Platero y Tú hacían un Rock&Roll muy influenciado por bandas como **Status Quo**, **Leño**, **Tequila**[6], **Blackmore**, **Ted Nugent**, **Eagles**, **Deep Purple**, **UFO**, **Burning**, **Cucharada** o **Barón Rojo**. Para Fito Cabrales las grandes influencias vienen cuando *"tienes 15 ó 17 tacos, y lógicamente, las bandas que eran grandes hace diez años son las que nos han influido y muchas de las que seguimos escuchando. Ya sabes de qué estamos hablando, de* **Lynyrd Skynyrd***, de* **Gallagher***, de* **Deep Purple***, de* **UFO**...*"*.

Para Iñaki Uoho, considera que *"los grupos de aquí tenemos una ventaja, y es que nos dirigimos en cada canción y en cada directo que hacemos a la gente, porque les hablamos en su idioma y les contamos cosas que les son muy cercanas, y tanto al público como a nosotros nos mola este rollo. Los grupos guiris tienen la desventaja a la hora de llevar gente a los directos respecto de nosotros de que la mayoría de la gente no les entiende, y te tienes que quedar con la música"*.

La sencillez es una de las características de este fenomenal grupo, a pesar del exitazo que han tenido y de ser uno de los grupos punteros de

---

[6] Álvaro Heras Gröh, autor del libro Lluvia, Hierro y Rock & Roll. Historia del Rock en el Gran Bilbao (1958-2008). Autoeditado Ed. Sirimiri, 2009.

Euskadi siguen siendo igual de sencillos y de vacilones que cuando habían sacado su primera maqueta. La vida de Platero se basa en muchas horas de local, conciertos y tardes con los colegas en ese segundo hogar llamado Umore One. Esta frase de Fito Cabrales resume perfectamente su sencillez: *"No sé si seremos los más divertidos, lo que está claro es que intentamos ser de los más divertidos"*.

Los cuatro locos de Bilbao son gente muy cercana a su público, *"hay que tener en cuenta que tan sólo éramos cuatro vecinos que empezaron a tocar en un garaje, unos colegas. En la calle Zabala vivíamos Juantxu, Iñaki y yo, y luego Jesús vivía en la calle Fernández del Campo, que estaba al lado de la nuestra"* recuerda Fito. Conectaron perfectamente con su público, *"hay que tener la suerte de gustar al personal, de conectar con ellos, que les guste verte tocar y que te llamen para conciertos, y para eso hay que currar como un chino. Tienes que estar todo el día pendiente del grupo, tienes que estar como un niño pequeño, para arriba, para abajo... lo mismo haciendo canciones, ensayando, pendientes de que no te engañen por ahí, a ver cómo va a estar el escenario del viernes... todo el puto día pendiente del grupo"* nos cuenta Iñaki.

Han seguido sus principios y lo que decía el corazón, lo de estos cuatro bilbaínos fue algo grande y fuera de lo normal, porque sin seguir ninguna clase de moda, ni meterse en ninguna movida específica como Rock Radical o Rock Urbano, seguir haciendo el Rock&Roll de toda la vida, llevan ya años encandilando al personal[7]. Y sobre todo, el grupo ha intentado huir *"de la música comercial, ya que nuestras canciones son, simplemente, asimilables"*, reconoce Fito Cabrales. El estilo personal del grupo ha sido otra de las grandes bazas del grupo, *"éramos un grupo de*

---

[7] Reportaje de Pablo Navas

mucho punteo y dobles voces, un grupo de bares y de dar la nota, siempre lo fuimos. Tú pones cualquier disco de Platero y canta a un kilómetro". Los inicios han sido duros para muchos grupos, y triunfar en este país en el Rock&Roll es complicado, y **Platero y Tú** no fue una excepción. *"Para un músico de Rock la cabezonería es una cuestión de supervivencia. Desde que empiezas te vas a enfrentar a gente que te dice que nunca vas a grabar un disco, que tus canciones son una mierda, que las tienes que cantar de otra manera, que tienes que cambiar de banda, que no evolucionas o que te has estrellado por arriesgarte... ¿Y qué haces? ¿Les haces caso o tiras para adelante con lo que tú crees que está bien? Yo lo tengo claro"* nos cuenta el vocalista del grupo. Sus canciones derrochan simpatía, Rock energético y espontáneo, y han registrado himnos pegadizos ideales para corear en los garitos las noches de borrachera.

Platero y Tú ha sido algo más que un grupo de Rock&Roll, *"pues que haya gente que, igual, sin Platero no hubiera descubierto que hay un determinado estilo musical, una historia, una forma de entender la música ¡cojonudo!"*, nos recuerda Fito Cabrales. En su último concierto en Madrid, delante de *"15.000 personas nos mirábamos y no veíamos que éramos los mismos que estábamos tocando para veinte en un bar de Bilbao, eso te da siempre como un anclaje en el pasado. El público ha cambiado pero en el escenario somos los mismos. Te pones en tu sitio, porque cuando empiezas a salir por la tele, haces conciertos tan grandes o te hacen muchas entrevistas es bastante fácil darte el subidón"* nos cuenta Fito Cabrales.

Años después de la historia de los Platero, Fito nos brinda una reflexión muy interesante: *"Tengo la sensación ahora, cuando han pasado años desde aquella etapa musical de mi vida, que a **Platero y Tú** nadie les hacía caso, nadie les tomaba en serio, desde la prensa a los despachos. Nos metían en el saco de los perrofalutas y a nadie le importaba esa gente.*

Quizá fuéramos perrofalutas, pero nadie hizo caso a bandas que arrastraban a mucha gente, desde **Reincidentes** *a* **Extremoduro***, pasando por* **Sociedad Alkoholika** *o* **Su Ta Gar***. No éramos molones, no teníamos imagen para salir en la portada de una revista, ni siquiera para hacer un video musical. El único sentir que nos llegaba era el de la gente que nos venía a ver. Muchos nos veían como unos putos borrachos, pero también hacíamos música, buena música"*.

Platero y Tú ha significado mucho para el Rock Nacional y los seguidores del grupo, y obviamente significó un cambio para los grupos vasco, *"Platero son una puerta para los grupos de Rock&Roll vascos"* reconoce Lalo, el armonista de los **Flying Rebollos**. Tras la disolución del grupo **Platero y Tú** dejó un enorme vacío en el Rock nacional, algo irremplazable en un país en el que el Rock sólo entiende de grupos poperos y extranjeros. Platero significaba equilibrio, la razón por la que todo amante de la música coge alguna vez una guitarra y se dedica a aporrearla con más o menos éxito.

Tras muchos años después de su ruptura, se puede decir que **Platero y Tú** han tenido bastante éxito dentro del Rock Nacional, consiguiendo que todos sus álbumes se conviertan en discos de oro. *"En España siempre ha habido cuatro o cinco grupos, como* **Reincidentes***,* **Platero y Tú** *o nosotros, que no hemos dejado de tocar nunca. Las otras muchas revistas, mucha fama, mucha hostia, pero desde que se acabó lo de los Ayuntamientos, no veías sus conciertos"* explica Roberto Iniesta, el cantante de **Extremoduro**.

> *"En el Rock&Roll ésa es la tónica, hay que apostar y arriesgar si te quieres comer algo"*
> Fito Cabrales

INICIOS

La historia de **Platero y Tú** nace a finales de los ochenta, Juantxu Olano acude a un concierto en su antiguo colegio y se encuentra con Txema Olábarri en el escenario, un ex-compañero de clase. Del reencuentro Juantxu consigue un Music-son de válvulas, tanto Iñaki Uoho como Juantxu se enchufan a ese amplificador para tocar unas versiones de **Leño**. Empiezan a ensayar juntos, tras la disolución de su antigua banda **Qué**. Más tarde se uniría a los ensayos Jesús García como batería.

Por aquella época, Fito vuelve a Bilbao a trabajar con su padre, y casualmente se encuentra con Juantxu, un antiguo amigo de la infancia, con el que vivía puerta con puerta. Juantxu había cambiado, *"al menos físicamente, pues del niño no quedaba nada y era un tío con el pelo largo, más heavy que el copón... Él será mi lazo con* **Platero y Tú***"*.

Un día cualquiera de diciembre de 1989, Juantxu aparece por casa de Fito, *"él tocaba en un grupo, y me dice que si me voy a ver cómo ensayaba su grupo... En esos momentos yo aluciné, pues suponía ir a un local en Deusto y volver a emparentar con la música"*. Fito reconoce que: *"Ellos tenían más nivel que yo, habían tocado en algún garito, y estaban también Iñaki y Jesús, y otro tío que cantaba. Yo flipé allí, claro..."*. A Fito le gustó mucho aquel ambiente, hacían versiones y sonaban muy bien. Al final del ensayo Iñaki le preguntó a Fito: *"¿tocas la guitarra? ¿Cantas?"*, y Fito le respondió que sí. Y en esa misma sesión se pusieron a tocar canciones de **Leño** y de **Rory Gallagher**, llegaron a conectar perfectamente en este primer ensayo.

Al volver a casa Juantxu le comentó a Fito que había hablado con Iñaki, y le ofrecían a Fito quedarse en el grupo, "*daba saltos de alegría, estaba muy feliz, pues acababa de llegar a Bilbao y tenía trabajo y una banda de Rock*" recuerda Fito. Más tarde Fito se enteraría que al vocalista de ese ensayo le estaban haciendo una prueba. "*Empezamos a tocar sin pensar en muchas cosas, por diversión y tal*" nos cuenta Fito.

Ensayaban principalmente los fines de semana, cuando podían, más tarde empezaron a hacerlo entre semana, siempre que sus trabajos se lo permitieran. Juantxu restauraba muebles, Iñaki hacía diferentes trabajos como vender enciclopedias, Jesús era transportista, y Fito trabajaba en la Palanca 34, diciéndose a sí mismo que "*si sale todo mal, tampoco tengo que dar muchas vueltas para trabajar de camarero, pero si llego a estar en una empresa cobrando 300 billetes al mes, pues igual ni me lo había planteado*".

Fito les mostró muchas canciones que ya había compuesto, jamás paró de escribir y musicar canciones. Entre ellas *Un ABC sin letras*, escrita en la mili, pero la experiencia musical de Iñaki hizo que se pudiera mejorar esa canción y otras muchas. Poco a poco fueron obteniendo un repertorio propio, creado principalmente por Iñaki y Fito, canciones como *Ramón*, *Ya no existe la vida* y otras canciones de sus grupos anteriores, como de **Urbe**, el exgrupo de Fito, y la banda anterior de Uoho y de Juantxu, llamada **Qué**.

Tras unos meses de duros ensayos y mucho trabajo, los **Platero y Tú** hicieron su primer directo. Se presentaron a un concurso que organizaba el Ayuntamiento de Plencia, Vizcaya, en febrero de 1990, pero el jurado estimó que la música de **Platero y Tú** era setentera y rancia, así que no se clasificaron para el mismo, pero les dejaron actuar como grupo invitado. Tocarían en el bar Gau-Txori, en el que Fito se presentó vestido con una chaqueta larga de cuero, unos zapatos con hebillas y su inseparable gorra.

"Al final le convencimos de que los zapatos eran feísimos. La chaqueta desapareció... pero la gorra fue imposible" reconoce el resto del grupo. Fueron una treintena de personas *"la mayoría colegas, novias, hermanos y el camarero al que no le dejaban irse... pero después había más gente en el público, pues hacíamos algo diferente al resto. Tocamos todas las canciones de la maqueta, 'Vamos a pasarlo bien', 'Ramón', 'Si tú te vas...'. Y si la gente aún quería más marcha y no nos largaban a gorrazos, muchas versiones, 'Johnny B. Goode', 'El tren', 'Maneras de vivir'... Cuando empiezas tiras mucho de versiones, porque con diez canciones propias te quedas corto"* recuerda Fito.

Poco a poco fueron saliendo las oportunidades de tocar en varios bares, y cada vez asistía más gente a sus conciertos, empezaban a ganarse una fama de cañeros, de locos, de ser un grupo muy divertido. Les surgían oportunidades para tocar tres veces por semana, se apuntaban a todo lo que surgiera, pero apenas ganaban dinero, y el poco que recibían era para reinvertirlo en el grupo.

Tras haber tocado en unos cuantos conciertos y realizar muchos ensayos, empezaron a considerar el grabar una maqueta. No fue una tarea fácil la de encontrar un estudio, en aquella época eran caros, y tuvieron la suerte de encontrar los Estudios Arión, en Iruña, Pamplona. Tras hablar con el Estudio de grabación fijaron las fechas de la grabación en Julio de 1990. Recuerdan los miembros del grupo que el día del inicio de la grabación hacía mucho frío, al llegar al Estudio tuvieron que rellenar una ficha con los datos del grupo, allí se dieron cuenta que no tenían nombre: *"-¿Pero cómo nos vamos a llamar?-. Y yo recuerdo que decía –Los filetes- (risas), que me sonaba mogollón de gracioso... - Papá mira como toco-, todo el rato diciendo gilipolladas... E Iñaki, ya desesperado dijo –A ver, libros que habéis leído- y mecanguendiós, no habíamos leído un libro en la puta vida ninguno, hasta que alguien dijo Platero y yo, y le dimos la vuelta con lo de* **Platero y Tú**, *nos empezamos a partir el culo... y se quedó.*" explica Fito. Al entrar en el estudio, tuvieron nuevas sensaciones, estaban entusiasmados, todo era tan increíble, que les parecía que hubiera grabado allí **Deep Purple**. Grabaron esta maqueta solamente en una noche. "*Nosotros lo intentábamos hacer bien, lo que pasa es que tienes menos experiencia y, claro, hay que grabar y mezclar a mano un montón de canciones en un día y todo eso*" comenta Fito. Una vez grabada "*el tipo de la oficinita nos preguntó el nombre y me acuerdo de que nos miramos unos a otros como preguntándonos -¿Lo decimos o no? Porque si lo decimos nos lo quedamos para siempre-... Y se quedó. Ahora no me suena mal, porque lo relaciono con la banda, pero entonces sonaba a verbena, a vender caramelos...*" reconoce Fito. Aquella noche durmieron los cuatro en una casa que les prestaron, Fito se tuvo que poner cerca del calentador ya que estaba congelado. A la maqueta le pusieron el nombre de *Burrock'n'roll*, "*tratábamos de huir de eso de la denominación de origen, hacíamos burrock'n'roll, somos muy burros, no me mezcles con otros rollos*", así eran los Platero.

Fito Cabrales recuerda que aquella maqueta: "*estaba muy currada, sí, con portada de imprenta, muy chula, aunque el sonido imagínate como sería... La portada eran unos muñecos de plastilina que éramos los cuatro Platero, y la foto la hicimos nosotros mismos, era muy cutre pero tenía su gracias... Cuando grabamos la maqueta no teníamos el espíritu que veo ahora en las bandas, no era para que nos fichase una compañía ni para presentarla... Nosotros hicimos una maqueta porque teníamos unos temas. ¿Cuántas maquetas hacemos? 500. ¡Hala! Para nosotros 500 era una animalada*". Se editaron unas 3.000 copias, hoy por hoy es una verdadera pieza de coleccionista.

El día previo al estreno en directo de la maqueta, se dio un momento importante para el grupo y en especial para Fito Cabrales, ya que esa noche conocieron a Xavier Arretxe "Polako", batería de **Zer Bizio?**, una banda de Rock bilbaína. Este grupo estaba ensayando en un cine abandonado del barrio de Atxuri, cuando apareció Uoho y les comentó que acababan de grabar una maqueta y que al día siguiente la presentaban en directo. Ese día fueron al Umore Ona[8], el pub de Suso, "*nos juntábamos todos los días un montón de músicos de varias bandas bilbaínas. Mucha fiesta, mucha música, bolos, ensayos, jams...*" recuerda Polako, y a partir de ahí empezaron a frecuentar ese bar. Suso recuerda cuando los conoció: "*Un buen día, yo estaba trabajando aquí. Hacíamos conciertillos, y vinieron –Oye, ¿podemos tocar?- y tal..., oye ¿cómo os llamáis?,* **Platero y Tú***. Lo más gracioso fue el nombre, de verdad. Un nombre de cuento para un grupo de Rock&Roll así, no puede ser*".

"*La maqueta la movíamos en los conciertos o a través de la distribuidora alternativa DDT, que la vendía en baretos y sitios así*" reconocen los miembros de **Platero y Tú**, se vendían algunas, pero no demasiadas. Solían mandar las maquetas a los locales, en modo de promoción y por si les interesaba contratarlos. En septiembre de ese mismo año ya tocaban dos actuaciones semanales casi todas las semanas. "*Fuimos los primeros en hacer maquetas bien presentadas, con portada de color y el puto celofán como las cintas de verdad, para moverlas por ahí*".

Tras sacar la maqueta, los amigos les decían "*-sí, muy bonito pero estáis locos porque esto aquí ni te lo ponen, ni vais a tocar... aquí se hace Rock Radical... esto está pasado de moda-*" recuerda Uoho. "*La gente no ponía mucha confianza porque hacíamos un tipo de música que no estaba

---

[8] Umore One significa en vasco Buen Humor.

muy de moda aquí en Euskadi y nos tomaban como demasiado en broma. Los principios no son duros porque tienes mucha ilusión...lo que es duro es estar un poco medio arriba y tener que mantenerte" nos cuenta Fito Cabrales.

Desde el principio se lo tomaron muy en serio, nos cuenta el vocalista: *"aunque éramos muy borrachos y muy golfos, no lo parecía. Pero nos lo currábamos como hijo putas, ensayábamos todo el día, hacíamos carteles, ... No es que aspiráramos a comernos nada ni sospechábamos que la cosa iba a llegar donde llegó, pero si teníamos dos minutos libres eran para la banda, y toda la pela la invertíamos en instrumentos, porque era lo que más nos molaba en el mundo. Se notaba una diferencia con otros grupos, claro, porque íbamos a un bar y sonábamos que aquello reventaba".*

Todos los miembros del grupo decidieron despedirse de sus respectivos trabajos. Se arriesgaron por el bien del grupo, ya que por ese entonces solamente tenían una maqueta y mucha ilusión. *"Cada vez teníamos más trabajo, pues además de los conciertos, y al ser muy perfeccionistas, no queríamos parar de ensayar tampoco... Ensayábamos de día, curraba de noche, y pedía días libres para tocar... Los fines de semana era cuando más curro había en el bar y era cuando nos salían conciertos. Pero bueno, aquello fue más tarde, yo me tiré mucho tiempo saliendo a las seis de la mañana de currar y luego ensayando de día, estaba matado, pero cuando tienes una ilusión de la hostia haces lo que sea y más... Cuando ya teníamos muchos conciertos tuve que elegir, claro, y dejé el bar"* recuerda Fito.

La conexión especial entre el guitarrista Iñaki Uoho y el vocalista Fito Cabrales ha sido fundamental para la evolución del grupo. Tuvieron claro que todo era uno, Fito nos cuenta que *"firmábamos los dos (Uoho y*

Fito) todas las canciones aunque la letra fuera más de uno o la música de otro, o en un disco uno compusiera más que el otro, esto estaba claro. Aunque al final quizás yo hacía más canciones, él se comía mucho la cabeza en darles forma. Con el resto del grupo no había problemas con eso porque nos dejaban llevar la iniciativa y era lógico, en una banda de Rock lo normal es que compongan los guitarristas y el tío que canta". Desde el principio, Iñaki Uoho era *"quien cortaba el bacalao. Cuando nos compramos un cuatro pistas, que nos parecía un ordenador de a bordo, él era quien lo manejaba. Siempre ha sido un tío inteligente y con facilidad para estas historias, y cada vez que entrábamos al estudio se fijaba en lo que hacían los técnicos, iba metiendo mano poco a poco, y ha acabado con su propio estudio. Es muy importante para un grupo tener a alguien así, porque dejar todo en manos de alguien ajeno a la banda es muy peligroso, es bueno tener un intermediario y en Platero se notó. Poco a poco se fue pillando trastos, un ocho pistas y otras historias, y en un piso que tenía en Zabala se montó un miniestudio para las maquetas, que ni sé cómo podíamos grabar ahí, porque era enano, en sesenta metros de casa, donde vivía con su chica y una cría, y el estudio, que no sé cómo hostias entrábamos todos; a veces uno estaba grabando la voz, la cría jugando y otro, tranquilamente viendo la tele al lado... Era alucinante, ahora necesitas un estudio del copón y si no, te agobias; pero entonces te apañabas con lo que tenías y lo que salía te sonaba cojonudo".*

Tocaron en infinidad de conciertos, ya que las ganas de los jóvenes vascos por escuchar música eran infinitas en aquella época. Fito nos cuenta cómo conseguían los conciertos: *"Estaba todo bastante movidito. Tuvimos suerte de tener todo el movimiento gaztetxe y alternativo en plena ebullición, porque para las bandas era un chollo. Sólo había que llamar a uno, yo que sé, a Elorrio, miraban la lista y te daban una noche para tocar, porque había conciertos diariamente. Podías tocar sin ser nadie en todo Euskadi. No cobrabas dinero ni hostias, se ponía una entrada muy barata y listo; al principio iban las novias y los colegas y luego si eras más o menos decente iba sumándose gente cuando volvías al cabo de unos meses".* En aquella época coincidieron frecuentemente con los **Flying Rebollos** en muchos conciertos. En ese grupo militaban Xavier Arretxe, Polako, y Txus Alday, con el que Fito aprendió sus primeros acordes. Llegaron a compartir local de ensayo, en una antigua tienda de frutas y verduras en Bilbao.

En esos años estaba de moda un programa en Radio Euskadi, *"Euskadi Gaztea, que lo hacía Cristina Ardanza, y la gente llamaba por teléfono para votar a sus bandas maqueteras favoritas. Creo que era los viernes o los sábados, y toda la gente de los grupos movilizaba a sus amigos para que les votaran. Al final del programa, que era larguísimo y pinchaban las maquetas, se hacía como una lista. Si estabas de los primeros te hacía una ilusión del copón, no sé si valía para mucho pero estabas ahí. Me acuerdo de que con nosotros en aquella época estaba* **Su Ta Gar, EH Sukarra, Flying Rebollos, Doctor Deseo,** *que ya llevaban mucho tiempo tocando..."* recuerda con nostalgia Fito.

La ilusión de Iñaki, Jesús, Juantxu y Fito, hacía que se desvivieran por la banda *"y no pensábamos en lo que dejábamos detrás. Hombre, a lo mejor de ser ministros no nos hubiéramos arriesgado tanto, pero en nuestro caso tampoco perdíamos mucho y todo lo que habíamos querido en la vida era hacer Rock&Roll... Nos pasábamos casi las 24 horas juntos, íbamos a ensayar y luego a tomar potes juntos. Nuestra vida era el grupo, hacer canciones para la banda. Al principio no tienes ni idea de nada, tienes que buscarte la vida 26 horas diarias para encontrar quien te vendiera instrumentos a plazos, sitios donde tocar, imprentas baratas para los carteles..."*, recuerda Fito.

Un momento importante fue el conocer a una empresa de sonido de Munguí, Chanel, en la que trabajaba un conocido de Fito de la mili, y decidieron ayudarse mutuamente. Llegaban a los sitios con un buen equipo y sonaban mucho mejor que otros grupos con equipos pequeños y de baja calidad. Empezaron a tocar por todo Esukadi, Bizkaia se les había quedado pequeño, llegando a salir del País Vasco en alguna ocasión. El grupo funcionaba con el boca a boca, la gente que los había visto en directo se llevaba la maqueta a su pueblo, y de vez en cuando les llamaban de diferentes pueblos. Apuntaban en una libreta todos los conciertos que tenían, si les llamaban para tocar en fechas disponibles, se iban a dónde hiciera falta, a veces a 500 kilómetros de distancia.

Más tarde conocieron a Quique, de la Agencia de Management Factory, y empezó a ocuparse del grupo. Era una Agencia importante, llevaba a **La Polla Records, Dinamita Pa los Pollos** y la **Otxoa**. La Agencia empezó a mover el grupo y a tocar por todos lados, sonando en algunos programas de radios importantes, como el de Mariano García de Discocross.

Si de juerga te encuentras bien,
si te gusta estar borracho,
si no te importa la gente
si no eres decente
y haces trampas al mus,
eres de Platero y Tú.
Letra de la canción *Voy a acabar borracho*

VOY A ACABAR BORRACHO

El grupo estaba interesado en editar su primer elepé, lo habían probado con la discográfica Oihuka, "*simplemente le fueron a dar la tabarra a Marino Goñi, pero pasó de todo*" reconoce Fito, pero a la discográfica no le interesó. También lo intentaron con la discográfica Suicidas pero éstos ni se lo plantearon.

El cuarteto empieza a recibir ofertas de discográficas, la primera oferta vino de la discográfica La Rosa Records, pero por aquella época el productor de Welcome Records[9], Alfonso Cito, estaba organizando conciertos internacionales en Bilbao a los que asistieron los miembros del grupo como espectadores, "*y un buen día en un bar del Casco Viejo me dieron una maqueta, unas canciones grabadas en un casete, y yo como no tenía en aquel momento ningún grupo nacional en mi sello. Decidí producirles el primer elepé en Barcelona*" recuerda Alfonso Cito. Y tras uno de esos conciertos apareció Alfonso Cito, de una pequeña discográfica catalana, Welcome Records, y les ofreció grabar un disco. La opción de Welcome Records les pareció una buena oportunidad, se decantaron por ésta ya que únicamente se comprometían a grabar un solo disco. "*El contracto con Platero fue muy honesto y transparente por mi parte, cuatro*

---

[9] www.welcomesdr.com

hojas con letras muy grandes con los derechos de propiedad de un solo disco... ellos eran libres y podían firmar y grabar por otra compañía más grande al día siguiente de la salida del disco" según el productor de la discográfica, Alfonso Cito. La idea de la discográfica era "*añadir un grupo nacional a su catálogo internacional, y dirigido especialmente al público del País Vasco... yo no iba de visionario, ni mucho menos de cazatalentos, porque los Platero musicalmente hablando se les veía muy principiantes en 1991... eligiendo a Platero no falló*" explica Alfonso Cito. El grupo se planteó que si salía mal, al fin y al cabo, sería el único trabajo con esa discográfica.

Inicialmente se contrató para grabarlo en una semana de Estudio, a finales de febrero de 1991, y pasaron muchas más horas de las contratadas, y después de muchas repeticiones y de pinchar muchos recordings de guitarras. Tuvieron que irse hasta Barcelona para grabar el disco en los Estudios Lin, propiedad de un miembro de la **Orquesta Platería**, el propietario y técnico de grabación del Estudio era Jaume 'Mr. Lin' Sitges. Contaron con un productor artístico como Joan Vinyals, porque era la primera vez que los Platero grababan un disco. Según la versión del productor: "*musicalmente estaban muy verdes para entrar a grabar solos sin productor o bien sin un músico experimentado en grabaciones, como era el caso de Joan Vinyals... En las grabaciones los Platero se atascaban muchas veces, sobre todo con las dos guitarras, tenían mucha energía y pasaban todo el día en el Estudio, pero musicalmente eran muy limitados, fallaba la métrica y el productor era el único que podía solucionar los problemas*", Jaume Sitges también mezcló junto a Joan Vinyals. Pero la opinión del grupo la pone Iñaki Uoho: "*Nos pusieron un equipo de producción en el nivel en que se movía Alfonso Cito... realmente tenía menos idea que nosotros. Nos plantamos en Barcelona con todo el mundo* *hablando en catalán... allí casi no comíamos los días que estuvimos, fue un poco desastre y el recuerdo es un poco de desilusión*". La producción del disco no fue buena, y los miembros de **Platero y Tú** tocaron muy mal, el ambiente no les gustó nada, solamente querían salir de allí cuanto antes porque no hubo buen rollo.

En la portada del vinilo, aparecen Suso, el dueño del bar Umore Ona, subido en una Harley y Jacinto vestido de aldeano, socio de un compañero de la mili que les prestó el equipo de sonido, y además técnico de sonido. La foto fue tomada en un carril bus frente a la tienda de motos, ya que no les dejaban mover la moto, así que tuvieron que traer el animal para allí.

Su debut discográfico se inicia con la canción *Voy a acabar borracho*, en la que cuentan sus borracheras en los bares, con un estribillo pegadizo y un final sorpresivo:

Si de juerga te encuentras bien,
si te gusta estar borracho,
si no te importa la gente
si no eres decente
y haces trampas al mus,
eres de Platero y Tú.

Imanol está basada en una canción popular, llamada *El Alcalde de mi pueblo*, en la que se sustituye Pantaleón por Imanol. Esta sustitución nace por un colega que tocaba en una charanga con Iñaki, al que le solían cantar eso. En *Ramón* nos cuentan una historia sobre un hombre dominado por su mujer, y se enfrenta a ella de esta manera:

> Vamos a ver,
> que es lo que pasa aquí
> o te quedas o te vas
> y te decides a huir
> tan lejos de mí.

Con un final nada halagüeño para Ramón:

> Pobre Ramón,
> no le salió bien el farol,
> su mujer que no era tonta
> le hizo entrar en razón
> a golpe de escobón.

El tema *Ya no existe la vida* es uno de los más reivindicativos del grupo, nos muestra la pasividad de la sociedad ante las guerras:

> **Corazones podridos**
> **entre ropas plagadas**
> **de galones brillantes**
> **que demuestran quién manda.**
> **Ya no existe la vida**
> **solo hay gente en la calle**
> **que camina deprisa**
> **ya no habla con nadie, con nadie,**
> **con nadie, con nadie, con nadie.**

En *No me quieres saludar* es en parte autobiográfica, Juantxu nos cuenta la historia entre él y Txema (Voz y guitarra de **La Gripe**) en el colegio, dejándolo en octavo curso, y que Txema continuo un año más.

Años después se reencontrarían siendo personas muy diferentes a como se recordaban, en la canción se encuentran en una cárcel en posiciones también muy diferentes.

En *Si tú te vas* nos cuentan la historia de una ruptura y el inicio de otra relación con otra chica, la cual es gorda, fea y sordomuda pero en la cama se lo hace muy bien. Nos cuenta Fito que: *"una distribuidora alternativa de Vitoria nos hizo sacar una tirada sin la canción 'Si tú te vas' porque decían que era una letra machista. O sea, que porque una letra decimos por ejemplo: -... pero en la cama se lo hace muy bien-. Somos un grupo machista, pero ¿qué chorrada es esa? ¿A quién no le gusta que folle bien una persona? ¿Eso es machismo? ¡Chorradas!"*. Este tema es una versión libre del tema *Rockin' all Over the World*, de la **John Fogerty**, de **Creedence Clearwater Revival**.

El trabajo discográfico se completa con *Tiemblan los corazones*, en la que nos plantean que el corazón nos puede engañar en el amor. En *La maté porque era mía* fue tema mal interpretado por mucha gente, pero la intención era reflejar su rechazo hacia las revistas del corazón. En *Un abecedario sin letras* Fito nos desvelan el mundo de los bares y del Rock&Roll, el mundo de los Platero. En *¡Déjame en paz!* es un himno a la guarrería, con miedo *"al agua tengo mucho miedo / un tío ahí dentro se puede ahogar"*. En *Mira hacia mí* nos narran que son insustituibles las huellas que ha dejado una persona en la otra.

Para el grupo el resultado les pareció muy malo, nunca les ha llegado a gustar, ni tan siquiera se quedaron a mezclar. *"Y quedó bastante bien para grabar las voces y mezclar todo en un par de días... la banda supo aprovechar muy bien el resultado de aquel primer disco"* explica Alfonso Cito.

Se editó en vinilo el 17 de junio de 1991, al grupo le hizo ilusión recibir el disco, sacar algo que era suyo. Solamente salieron al mercado unas 4.000 copias, y parece algo insuficiente para un grupo como **Platero y Tú**, que ya había vendido 3.000 copias de su maqueta, que ya no estaba en circulación porque la discográfica les obligó a retirarla del mercado. Alfonso Cito explica el tema de las ventas: "*La cantidad de discos que vendí de Platero es irrelevante, y tampoco las he contabilizado nunca, ni me ha interesado demasiado este tema cuando podía pagar las letras de las producciones cada mes, pero podrían ser unos 4.000 discos, el 80% vendidos prácticamente a distribuidores mayoristas de Bilbao, que vendían en las tiendas de todo el País Vasco, Navarra, La Rioja, etc.*". A posteriori, los dos grandes problemas de este disco fueron que apenas se dio a conocer fuera de Bilbao, y que no recibieron ni un duro por el disco. Alfonso Cito explica: "*Al menos cubrí los gastos de grabación, producción, artística, fabricación del disco, impresión de portadas, mi trabajo y que aun se esté hablando de esta historia veinte años después... Mis ingresos para producir y mantener mi sello discográfico Welcome Records salían de los bolos y giras que hacían en el Departamento de Management de Welcome Produccions, sobre todo con grupos internacionales. Con Platero el Management y desde Barcelona no tenía ningún interés y con la venta del disco ya tenía suficiente... ellos ya tenían agencia de Management*". Según la opinión de Iñaki: "*Lo que pasó fue que el tío hizo 2.000 copias, las vendió en diez u once días, se sacó la pasta y luego como debía tener deudas con la fábrica de discos que no les pagaba y no sé qué hostias, pasaron de hacerle más discos y no hemos vuelto a saber nada de él*". Llegaron a agotar la edición, pero no se llegaron a sacar más copias, el grupo tampoco presionó a la discográfica, debido al resultado del disco, que jamás le llegó a gustar a ningún miembro de **Platero y Tú**.

Una entrevista aparecida en una revista de Bilbao ya desaparecida en la que criticaban a la discográfica Welcome Records, creó un mal rollo entre la discográfica y el grupo, *"ya que esperaban algo más en la producción del disco, querían una gran promoción a nivel nacional, presentaciones del disco en grandes ciudades como Barcelona, Madrid, etc... cosas que no pueden ir por cuenta de una pequeña compañía independiente con un primer disco... no sé que esperaban"* comenta Alfonso Cito.

Todos los ingresos que recibieron venían de los directos. Todo era caótico, muchas veces no les pagaban, otras cobraban 100.000 pesetas, en otras ocasiones 20.000 pesetas, o simplemente les daban de cenar. Fito lo recuerda así: *"Nos llamaban y nos pedían tocar en una ciudad, y al principio no preguntabas cuánto ibas a cobrar. Era al final del concierto cuando te daban una cantidad en función de los que se hubiera sacado en la taquilla"*.

Alfonso Cito reflexiona sobre el disco: *"Al margen de todo tipo de reflexiones, consideraciones e intenciones que puedan haber habido por mi parte, o por parte de los componentes de Platero en referencia a su primer disco Voy a acabar borracho, lo más importante es que con este disco ellos pudieron comenzar una trayectoria profesional ascendente durante muchos años haciendo giras, actuando en grandes festivales y ganando mucho dinero"*. Fito también reflexiona sobre el mismo: *"A veces me dicen que hay que remasterizar el primer disco de Platero, y yo siempre digo que a mí realmente me gusta que suene así... No que no se pueda mejorar, pero es que es así como lo hicimos, y creo que tiene su historia, que cambiarlo sería hacer algo diferente. Los discos reflejan un momento, y si lo cambias lo pierdes, traicionas un poco el espíritu con que se grabaron"*.

Una de las fechas más importante para el grupo fue en agosto de 1991. Acuden a un festival en Villadiego (Burgos), donde comparten cartel con **Extremoduro**, y surgiendo a partir de ahí una gran amistad con los componentes de esta banda que todavía perdura. Fito recuerda aquellos momentos: *"Conocía a Extremoduro por un programa de televisión, Plastic, y me quedé acojonado preguntándome quién era ese macarra, con esas pintas y cantando Jesucristo García. Y luego un día tocamos con ellos. La impresión era... daba miedo, -¡Qué tíos, qué yonkis!. Pero esto qué es, nosotros somos monjitas de la caridad comparados con ellos- Estaban todos para encintarlos, más locos que el copón pero hicimos buenas migas. Creo que me tocó a mí, que en mi puta vida lo había hecho, ir a cobrar. Sería porque aquella noche era el que menos pedo estaba, que era raro. Iba con Tomás Rodríguez –mánager de Extremoduro- que es como yo, pequeñito y flaco, parecíamos dos teleñecos. Y volvimos sin cobrar porque los tíos nos dieron pena, diciendo que había ido mal de gente, y cuando volvimos a las furgonetas nos querían matar por gilipollas. A raíz de ahí, coincidimos mucho y nos llevamos de puta madre. Y vimos que la primera impresión era falsa, que eran tíos muy rompedores pero muy majetes".*

"Tratábamos de huir de eso de la denominación de origen, hacíamos burrock'n'roll, somos muy burros, no me mezcles con otros rollos"
Fito Cabrales

BURROCK'N'ROLL

El grupo poco a poco se iba haciendo un nombre en el mundillo. Adquieren más experiencia y logran un mejor sonido en los conciertos. Cada vez empieza a convocar a más aficionados y seguidores, les ayudó mucho que un moto club en Bilbao les siguiera a varios conciertos, y eso ayudó a llenar muchos conciertos. Sin embargo, **Platero y Tú** era ya un proyecto rentable en los directos.

"Antes de repetir con la catalana estábamos dispuestos a hacer otra maqueta" reconoce Iñaki. Tuvieron ofertas de las discográficas Pasión (ex-Twins), la nueva Oihuka, y de la discográfica DRO, que se había empezado a fijar en ellos. *"Un día nos llamó One Herrera, de DRO, y nos dijo que había mandado la maqueta a Madrid y que les había gustado. Joder, firmamos, porque era la compañía de Rosendo, de mucha gente que nos molaba"* recuerda Fito. La oferta de DRO era más ventajosa, podían dejar de currar y dedicarse exclusivamente a **Platero y Tú**. Querían un sello que tuviera una buena distribución, y el tema que esta discográfica fuera la que editaba los elepés de Rosendo y de otros grupos que les gustaban, fue clave para tomar esta decisión. Lo único positivo que pueden sacar los miembros del grupo del disco *Voy a acabar borracho*, fue que les valió para que les conocieran unos cazatalentos de la multinacional DRO. El haber fichado por DRO se convirtió en un gran acierto, ya que la discográfica DRO siempre ha sabido que a un grupo hay que darle tiempo, y apostaron por **Platero y Tú**.

Al mismo tiempo que empezaban a grabar su siguiente disco de estudio *Muy deficiente*, en febrero de 1992, DRO estaba tan contento con el trabajo que se estaba haciendo, que les proponen reeditar la maqueta *Burrock'n'roll*, auto editada en 1990, y ahora la remasterizarían con mejores medios y mayor experiencia en febrero de 1992, tanto en vinilo como en cedé. Habían vendido en el pasado unas 3.000 copias de la maqueta y muchos seguidores no habían podido adquirirla, ese fue otro de los grandes motivos para la reedición. *Burrock'n'roll* está considerado como el segundo disco de la discografía de **Platero y Tú**.

El nuevo disco es prácticamente una reedición de la maqueta, pero se añaden temas nuevos y se eliminan *Tiemblan los corazones* y *La maté porque era mía*. Existen algunos temas incluidos en este disco que tienen hasta tres versiones de estudio diferentes, de la maqueta *Burrock'n'roll*, del disco Voy a acabar borracho y el nuevo disco remasterizado *Burrock'n'roll*. Canciones como: *Un Abecedario sin letras, Si tú te vas, Mira hacia mí, No me quieres saludar, Ya no existe la vida, Déjame en paz* y *Ramón*.

Otros temas son inéditos en su discografía: *Canción pa' tí, Vamos a ponernos muy bien* y *¿Cómo has perdido tú?*. En *Canción pa' tí* nos cuentan que la canción está dedicada a quién esté a su lado, a su público:

Escucha este tema
lo hice para ti,
que sigues los pasos
de Platero y Tú.
No quiero que pienses
que se me ha olvidao,
que yo no soy nadie
si no estás tú a mi lao.

Esta canción destaca que Juantxu cante una parte de la letra y haga los coros.

En *Vamos a ponernos muy bien* nos cantan una historia tentando a una chica a irse con el protagonista de esta:

> Todavía podemos
> invertir algún tiempo.
> Si esta historia termina
> con un buen final.
> Y esta noche tú y yo
> vamos a pasarlo muy bien.
> Cambiaremos a un juego
> en el que no puedes perder

En *¿Cómo has perdido tú?* cuentan cómo gira el mundo pese a que no quieras ser parte de él, pero te afecta de cualquier manera:

> Si el jefe grita, vas y te callas
> siempre aguantando las mismas batallas.
> Creo que estás un poco acelerado,
> esta noche llevas cinco rayas.
> Rascas el fondo de tu bolsillo,
> vaya putada, está canino.
> Y no comprendes todo este lío,
> si no has jugado como has perdido
> ¿cómo has perdido tú?

Realizan sus dos primeros videoclips con las canciones *No me quieres saludar* y *Si tú te vas*. Ambos "*realizados en plan casero, con gente que estudia esa historia... Pero tampoco con mayor interés porque no nos lo ponían en ningún sitio y eran un coñazo, mucho curro para apenas ver resultados*" reconoce Fito Cabrales.

"Muy deficiente sería volver a la ilusión"
Iñaki Antón

MUY DEFICIENTE

Realizan la grabación de *Muy deficiente* entre los meses de febrero y marzo de 1992 en los Estudios Box de Madrid, con una producción más lograda que el anterior disco, Fito lo considera el primer disco serio de **Platero y Tú**.

Trabajan con Ventura Rico, el productor, aunque Iñaki tiene mucho peso y pueden tomar decisiones importantes sobre su disco. El productor tenía un estilo más popero y quiere controlar el sonido, pero Iñaki no le dejó hacerlo a su modo. Fue una grabación rápida y directa, en tan sólo cinco días, *"para nosotros por entonces era la hostia de tiempo, después de que Burrock'n'roll lo habíamos grabado en una noche"* recuerda Fito, ya que en aquella época el Estudio funcionaba por turnos, a Platero les gustaba grabar de noche, porque de esa forma les permitía ir a su bola.

Conocen a Rosendo en el bar de debajo de los Estudios, estuvieron tomando cañas con él, Rosendo les comentó que estaba afónico, pero que se fumaba un cigarro para picar la voz y listo. Le proponen a Rosendo colaborar con el grupo cantando en la canción *Sin solución*, Fito lo recuerda con nostalgia: *"se canta una canción con nosotros y yo pienso que ya me puedo morir tranquilo"*. **Rosendo** y **Leño** han sido para **Platero y Tú** la referencia a seguir, **Leño** les marca la juventud, cuando buscaban un norte y veían que estaba allí. También colabora Ángel Muñoz "el Reverendo" tocando el órgano Hammond en *Cantalojas*. *"Eran paridas (conocerlos) pero te subía la autoestima, te creías ya un grupo de primera"* reconoce Fito. Hacen los coros para *Rompe los cristales* el grupo murciano **Arma joven** y el técnico de sonido Sergio Muñoz.

Se saca al mercado el 12 de junio de 1992 tanto en vinilo como en cedé, *"ya sentimos que realmente habíamos grabado un disco, que estaba en las tiendas y que se podía comprar; el resto de los trabajos eran putas bromas"* se sincera el vocalista.

La portada del disco procede de una escuela de barrio, en la que aparece una profesora, amiga de la mujer de Iñaki y los alumnos del mismo colegio.

El disco contiene algunos de los que serían los mayores éxitos de la banda. Se abre el álbum con *El roce de tu cuerpo*, un tema mítico de la banda en el que cuentan como son las horas después de una discusión:

Recuerdo tus labios
y esos ojos que al mirar casi hacen daño.
Mientras la radio aburre con una canción
miro aquella foto y me siento peor,
y yo ya no sé lo que ha podido pasar,
lo que estaba bien, ahora está fatal.
Seguro que sola está ella también,
tirada en la cama sin saber qué hacer.

En *Rompe los cristales*, el conjunto bilbaíno nos habla de rebeldía y de no seguir todo lo que dicta la sociedad:

Da otro paso no debes parar,
rompe los cristales si quieres entrar.
Grita al aire aunque no quiera oír
y escribe el principio donde pone fin.

En *Sin solución* el grupo nos cuenta que saliendo de marcha te puedes encontrar con gente muy parecida a ti:

**Sorbiendo un nuevo trago de algo
parecido a alcohol
me largó que él tocaba en un
grupo de rock'n roll.
Y entre aquel humo pudo ver claro
que la sabia naturaleza
nos cortó a todos del mismo patrón.**

En *No hierve tu sangre* el grupo se posiciona en contra de los artistas prefabricados y cómo funciona el mundo de la música, los 40 principales como ejemplo. Dedicada a **Ramoncín**:

**Siempre te ha gustado más
el cuero que el rock'n roll
y salir a vacilar
que escribir una canción.
A ese chico has engañado
con tu foto en su pared
y has cortado el bacalao
antes de tirar la red.**

El plástico se completa con las canciones: *Esta chica tan cara* es un símil, nos habla de la chica cuando realmente está hablando de su amada guitarra. En *Estás solo* se le exigen cuentas a los políticos y al engaño del sistema democrático. En *Contaminamos* nos habla de la contaminación y de su mal presagio. *Meando en la pared* es una canción que habla del cierre demasiado temprano de los bares. En *Desertor* nos enseña como un pueblerino se hace Guardia Civil y cambia como persona con una pistola en mano. Y el disco finaliza con una lograda *Cantalojas*, "*es el primer disco en el que hacemos una canción lenta, y decidimos hacer una canción al puente de Cantalojas, que estaba allí en el barrio, era una especie de homenaje a los borrachos de Zabala*", recuerda Fito Cabrales. Nos narran la historia de un borracho al que le deja su novia para irse a Madrid, y él se queda solo y con su botella. Sacan tres singles promocionales en vinilo: *Rompe los cristales, El roce de tu cuerpo / Cantalojas*, y *Esta chica tan cara / Sin solución.*

La discográfica DRO les hace trabajar con una oficina de Promoción, concretamente con Quique de Factory, era el primer disco que en que invierte en promoción. Las cosas se empezaron a hacer de forma más ordenada, les adelantan dinero para comprarse un buen equipo y sonar mejor en directo, les proporcionan un mánager, que les acompañaba a todos los conciertos, éste organizaba todo lo referente a las contrataciones. La discográfica apostó fuertemente por ellos, y se hizo una promoción en serio, primero radios libres y luego medios más grandes, pero también les ayudaron mucho los medios alternativos. Y de esa forma les empezaron a salir muchas más actuaciones, llegando a hacer una gira del disco *Muy deficiente* de casi 100 conciertos. Empiezan a ser más selectivos, tocando en salas más grandes, como la Canciller en Madrid, dándose menos palizas entre concierto y concierto, y reservando tiempo para grabar en condiciones. Cómo los resultados se iban viendo DRO les deja grabar tranquilos, sin presiones. El grupo era reacio a las entrevistas, pero compensaban a la discográfica tocando donde hiciera falta.

Fue la primera vez que el grupo realizó video musicales con la discográfica DRO, como *No me quieres saludar*, *Si tú te vas* del álbum *Burrock'n'roll* o *Rompe los cristales* de *Muy deficiente*. *"Lo de la tele es curioso, a mí cuando empezamos con Platero y nos decían en la compañía que grabáramos un video decía ¿para qué?, si no lo van a pasar en ningún lado... A mí en la época de Platero, de vez en cuando me conocía alguien por la calle, pero ha sido desde que han empezado a poner los videos en los canales de cable cuando te das cuenta del poder que tiene la imagen"* reconoce el vocalista.

El disco no tuvo la repercusión esperada en el mercado, tan sólo consiguieron vender unas 15.000 copias de inicio, llegarían hasta las 20.000 copias en menos de un año de ventas. *"Este disco se ha ido vendiendo a raíz de haber ido sacando más discos. Con él ya íbamos a tocar fuera, pero no sólo por el disco sino porque ya llevábamos un año más de carretera y eso es mucho más que un disco"* comenta Fito Cabrales

Fito con el tiempo nos ofrece una reflexión sobre el disco *Muy deficiente*: *"Con el tiempo maduras, yo no podría tocar ahora 'Rompe los cristales', de Platero, porque ya no tengo nada que ver con eso. Pero entiendo que haya alguien, más chaval, que sí le siga diciendo algo. De eso se trata cuando vas haciendo canciones y las vas dejando por ahí, que a veces acaban siendo más de la gente que tuyas"*.

> *No vayáis a mi entierro ni con flores,*
> *ni con velas, ni con Dios,*
> *id con un buen morón.*
>
> Canción *Marabao* (**Platero y Tú**)

VAMOS TIRANDO

A principios de 1993 se vuelven a meter en el Estudio para grabar su próximo disco, *Vamos tirando*. Algunas canciones de este disco ya las tenían cuando entraron a grabar su anterior disco, *Muy deficiente*. Este nuevo álbum está mucho más elaborado, mostrando unas señas de identidad claras y una calidad tanto musical como de textos abrumadora. *"No es que sea más serio... en un disco metes diez canciones y si coincide que cuatro son vacilonas, pues te dicen que el disco vacilón, y si en vez de cuatro son dos pues el disco es serio. Nosotros cuando hacemos los temas no pensamos en hacer tantas divertidas y tantas no"* dice Iñaki.

Ventura Rico se ocupó de la producción, y aunque el sonido no fue el esperado, no llegó a acertar. Iñaki todavía estaba aprendiendo pero no tenía la experiencia suficiente para imponer su criterio y obtener el sonido que les hubiera gustado. Las canciones en general son buenas, pero el sonido no es bueno y el resultado no convenció a ningún miembro del grupo, *"muy flojo de guitarras, las canciones eran más cañeras en directo"* comenta Fito. *"Lo considero el disco ablandado... En el estudio, en la mezcla, se ablandó. No sé por qué, porque las canciones eran mucho más fuertes, hay temas muy buenos ahí metidos que suenan más blandurrios de lo que en realidad son. Ese disco, simplemente con otra mezcla, podía haber sido mucho más fuerte"* dice Iñaki. Pero pese a eso, está considerado como uno de los grandes discos de la banda. En dos semanas de Estudio de duro trabajo, ya estaba listo el segundo trabajo con la discográfica DRO.

Colaboran en el disco Ángel Muñoz "el Reverendo" al Hammond en *Bobo*, al piano en el tema *Mírame*.

Finalmente se editaría el disco el 30 abril de 1993, y los medios de comunicación empiezan a hacerse eco de este grupo, sobre todo los medios especializados.

La portada del disco es la menos elaborada en la historia de la banda. Simplemente utilizaron una foto de todos los componentes de grupo, realizada por el fotógrafo Javier Salas, *"luego le pusimos el título, no nos rompimos la cabeza"* reconocen los componentes del grupo.

El plástico se inicia con la canción *A un tipo listo*, nos cuenta la historia de un tipo que posee de todo menos lo que realmente ansía, el Rock&Roll:

**Soy un tipo listo y ahora estoy aquí,
tengo curro fijo y un gran porvenir.
Me he comprado un piso un coche japonés,
y aunque tengo todo no me siento bien.
Yo no sé quien me engañó,
sólo quiero rock & roll,
si te cuento la verdad
me entran ganas de llorar"**

El disco continúa con *Esta noche yo haría*, otra historia sexual de las aventuras de los miembros del grupo. En *No me hagas soplar* nos narran uno de los escarceos nocturnos del grupo, en la que acaba el protagonista tras una noche borrachera acaba cogiendo el coche, una de las canciones más divertidas del grupo. Continúa el disco con *Marabao*, una de las canciones más emotivas del grupo:

> Pero antes de palmar, tuvo tiempo de largar:
> No vayáis a mi entierro ni con flores,
> ni con velas, ni con Dios,
> id con un buen morón.
> Nunca tragó a los curas, ni votó
> y la madera le siguió
> pero al Edén llegó.

Marabao es una colega del grupo que conocieron en el Umore Ona, en el que Fito sólo para molestar lo mata en la canción, sólo para cabrearle. Iñaki Marabao conoció a los miembros de **Platero y Tú** cuando: *"curraba en el bar con Tomás, cantante de Zer Bizio?. Se presentaron ahí un día, en el garito, y entraron a la cocina que la estaba fregando, y se metieron ahí todos a bailar aurresku y me pusieron allí todo perdido, porque decían que allí había mucha grasa. Yo no sabía quiénes eran, ni pollas. Llegaron los tíos y me montaron la traca, luego me enteré que eran los de Platero y eso. Ya había oído hablar de ellos pero no les había oído como grupo, bastante les conocí ya allí"*. Curiosamente el día que Marabao conoció al grupo, fue el mismo día que Uoho tuvo a su hija, *"cogimos el coche para volver a Bilbao y nos dimos tres hostias por el camino, de la baba que teníamos. Nos pararon los cipallos y les dijimos que había sido la niebla, y hacía igual cinco kilómetros que no había niebla ni nada. Cogimos a uno que iba haciendo dedo, el pavo, venía todo calladito, atrás, todo blanco, no dijo ni una palabra en todo el camino. Cuando llegamos a Bilbao, - oye que me bajaba aquí-, y el Uoho ya que ni se acordaba de que iba el tío con nosotros, iba ya desencajado"*, recuerda el guitarrista del grupo. Las últimas noticias que tiene el grupo de Marabao es que vive en las Palmas de Gran Canaria, supuestamente sigue vivo.

La siguiente canción es *Lo que os merecéis*, en la que nos dicen de forma dura que lo que tenéis, es lo que os merecéis. En *R&R Batzokian*[10] (Rock&Roll en el Batzoki) es una versión del grupo **Hertzaniak**, compuesta por Josu Zabala, y la única en la historia del grupo que cantan en euskera. Una historia sobre la desunión entre el mundo de la política vasca y del Rock&Roll. En *Bobo* el protagonista acaba con una prostituta, y se va con cara de bobo, igual que llegó. *Mari Madalenas* es uno de los temas más bonitos y coreados de la banda. Con una letra y composición genial, nos narra la historia de una chica con mala suerte en el amor:

> **Se levanta de mal humor**
> **siempre por las mañanas,**
> **tres de azúcar en el café**
> **la vida ya es bastante amarga.**
> **Sale en bata a por el pan**
> **y nadie la saluda,**
> **sólo Jagger, su perro fiel,**
> **él no tiene malas pulgas.**
> **Mari, Mari Madalenas**
> **mojadas siempre en lágrimas**

Fito Cabrales ha escrito algunas canciones que tienen que ver con su mujer, desde *Maldita mujer* a *Mari Madalenas*, pero no todo lo que ha escrito se refiere exclusivamente a su mujer. Ha sido una gran influencia en

---

[10] Término usado para denominar a los centros del Partido Nacionalista Vasco

la vida de Fito. *"Mari Madalenas para mí era Raquel, mi mujer, pero si algo me sugiere una letra nunca dejo las cosas tan claras"* reconoce Fito. *Tras la barra* es una canción autobiográfica, en la que Fito es el protagonista de la historia, cuyo nombre es Gorka Limotxo. El camarero que sufre el día a día de sus clientes y de su jefe, y su sustento es la ruptura de sus sueños:

> **Tras cinco años llegó a la conclusión:**
> **siempre el cliente no tiene la razón.**
> **Este maldito trabajo...**
> **Gasta por la noche lo que gana por el día,**
> **su futuro tiene forma de un billete de lotería.**
> **Tomará unas copas, ha acabado su jornada,**
> **atrapado a una botella dentro y fuera de la barra.**

Fito recuerda así sus años de camarero: *"Estar todo el día entre borrachos te influye, claro. Gorka Limotxo salió de allí...En un bar conoces a un montón de gente, aunque en el fondo no te enteras de nada porque estás ahí metido todo el día, porque currar en un bar no son ocho horas. Pero en la barra a la gente, le hace contar cosas, contar cosas que no cuenta a nadie. Conocías a gente con la que tenías mucho que ver, que entrabas en conversación porque te veían el pelo largo, o por los discos que ponías, pero también con gente mucho más mayor y con la que no tenías nada que ver".*

Me dan miedo las noches es otra historia de desencuentros amorosos:

> Mi corazón es piedra
> desde que te has marchado.
> Porque yo sin ti no puedo respirar
> y cuando estoy contigo siempre acabo mal...
> Porque yo sin ti no puedo respirar
> y cuando estoy contigo siempre acabo mal.
> Porque yo sin ti...

En *Mírame* es un blues tocado en directo, nos cuenta como al protagonista no le hacen caso las mujeres, y al triunfar en el Rock sí que consigue a quien quiere, pero él elige la música a relaciones falsas. Y en *No estoy loco* las canciones es lo único que le llena, pese a que la gente no le termina de creer.

Este trabajo sirvió para que **Platero y Tú** se consolidara en el mercado como uno de los más grandes grupos de Rock del panorama nacional. En la primera quincena desde la publicación ya se habían vendido, nada más y nada menos que 8.000 copias.[11] En años posteriores se convertiría en el primer disco de **Platero y Tú** en llegar a las 50.000 copias vendidas. *"Todo va poco a poco, y cuando te quieres dar cuenta estás vendiendo el doble de discos con tu actual trabajo respecto al anterior. Primero vendes 10.000 copias, luego 20.000, después 50.000 y puedes llegar hasta 100.000. No sabes qué pasa, pero poco a poco vas creciendo. Además el efecto rebote funciona, y si un disco se vende, los anteriores empiezan a subir sus ventas"* nos cuenta Fito Cabrales.

Ese mismo año, grabarían un disco en directo junto a **Zer Bizio?** y **Sedientos** un disco en Meñaka (Vizcaya) se editaría el directo *A todo gas*

---

[11] Fanzine MALA VIDA.

con la discográfica Oihuka. El disco está compuesto por tres canciones por grupo, cada uno toca un par de versiones de los demás y una canción propia. **Platero y Tú** tocaron *Voy a acabar borracho*, *Tu pelo rojo* (de **Sedientos**) y *Cansado* (de **Zer Bizio?**). *"Ni lo preparamos ni nada. Fuimos allí, se grabó malamente y ahí está. Eso fue un rollo un poco particular, lo sacó Oihuka y fue más que nada por amistad entre grupos"* dice Iñaki. Fue un disco con mejor trabajo de producción pero que denotaba un bajón de fuerza en su sonido.

Somos los Platero, pa' lo bueno y pa' lo malo
Esto es Rock&Roll y no somos americanos.
Canción *Somos los Platero* (**Platero y Tú**)

HAY POCO ROCK & ROLL

Al año siguiente, **Platero y Tú**, ya tenía listo su quinto disco *Hay poco Rock&Roll*, el que los consagraría al grupo a nivel nacional. En este álbum se recrudece el sonido, seguramente influenciados por las críticas que les acusaban de 'refinarse' en su anterior trabajo, volviendo así al sonido más directo de su primera época. El álbum se graba y edita en mayo de 1994 en los Estudios Box de Madrid. El disco lo produce por primera vez Iñaki Uoho junto a Ventura Rico, consiguiendo por fin el sonido rockero propio de sus espectaculares directos, pero en el estudio. *"En directo ya sonábamos muy bien pero nos faltaba conseguirlo en el estudio, y aquí creo que lo logramos porque es más limpio, no hay tanta reverb, no está tan adornado... Es muy rockerillo, molaba"*, reconoce el vocalista. El disco sale al mercado el 23 de septiembre de 1994, tuvo gran repercusión al lanzarse en cedé y vinilo, éste último debido a la gran demanda que tuvo por parte de los ya escasos seguidores de aquel formato a mediados de los noventa.

Colaboran con sus voces en el tema *Juliette*, Roberto Iniesta de **Extremoduro** y Evaristo de **La Polla Records**, en *La Vecina* el vasco Íñigo Muguruza con un solo de guitarra, y Ángel Muñoz 'El Reverendo' colabora con su órgano Hammond en *Maldita mujer*.

Un gran disco merece una gran portada, y el mérito de la ilustración de la portada y la contraportada pertenece a Fernando Eresta Plasín. *"La portada es muy divertida, todos de fiesta, y en la contra todos echando la pota, la verdad es que refleja mucho las dos caras del Platero, estábamos siempre así*" reconocen sus miembros.

El plástico contiene auténticos temas como *Hay poco Rock&Roll, Somos los Platero* o *Juliette*. La primera canción es *Somos los Platero* (*Pa' lo bueno y pa' lo malo*), un tema lleno de fuerza y de reivindicación por el Rock&Roll nacional, es el tema perfecto para abrir un disco como éste, con un ritmo acelerado, reminiscencias bluesies, y una letra gloriosa que se convertirá en todo un himno entre los seguidores del grupo[12]:

<blockquote>

**Hay que demostrar al mundo
que en Bilbao hay rock & roll.
Si después bebemos juntos
te prometo otra canción.
Somos los Platero, pa' lo bueno y pa' lo malo,
esto es rock & roll y no somos americanos.**

</blockquote>

"*Las producciones nacionales pocas veces tienen el nivel de las guiris. Las compañías tienen que apostar algo, y con la disculpa de que la cosa está muy mal, se sacan muchos discos de bajo presupuesto y sonido mediocre. Entre todos tendremos que hacer algo por cambiar esto y quitarnos los complejos de una vez*" nos cuenta Iñaki Uoho.

En *Hay poco Rock&Roll* es una versión del grupo australiano *AC/DC*, toda una reivindicación al marginado mundo del Rock:

<blockquote>

**¡Juantxu!
¿Vas a cerrar el bar?**

</blockquote>

---

[12] Referencia de la Revista HeavyRock

> ¡No jodas!
> Yo quiero rock & roll
> ¿Adónde voy ahora?
> No quiero ir a dormir,
> me siento muy nervioso
> No tengo adónde ir,
> hoy que lo rompo todo.

En *Por fin...!!!*, nos narran la historia de un amigo que se queda en casa de un amigo, pero no se marcha de allí, hasta que se toma una drástica decisión. En *Tenemos que entrar* nos muestran su descuerdo con la Política y el perjuicio que causa al Rock. El tema *Si la tocas otra vez* es un homenaje al gran Rosendo Mercado:

> El tren ya no pasa
> y tú sigues ahí,
> bebiendo y fumando
> en ese Madrid.
> Nunca cambiaste tu manera de vivir,
> me contaste tu vida
> ¡Qué más puedo yo pedirte a ti!
> Si la tocas otra vez...

Juliette "*era un travesti inventado, inspirado en muchos que había visto por ahí... es una canción muy punki, y como alguna vez habíamos comentado con Evaristo que quedaría de puta madre con su voz, un día nos dio el punto y le invitamos al Estudio. Robe era colega, casi éramos una cooperativa y pensamos que también molaría que la cantara*" comenta Fito

Cabrales. Es una historia de una mezcla de travestis que acaba engañando a todos, la colaboración de voces de Roberto Iniesta y de Evaristo Páramos le da un toque especial y genuino:

> **Tuviste un amante,**
> **luego fueron dos.**
> **A los que engañabas**
> **con aquel actor,**
> **luego un sastre, un cura**
> **y un cantante de rock'n'roll.**
> **A ninguno de ellos**
> **les pareció mal,**
> **el que tú tuvieras**
> **un don especial.**
> **Bajo ese vestido**
> **Juliette era artificial.**

La Vecina es un tema sobre ventana indiscreta y una chica voyeur. Bebiendo del mismo vaso se inicia con un tono fiestero, en la que lo importante es juntarse con sus amigos y la excusa es beber:

> **Me jugaré la vida**
> **a ver si tengo suerte.**
> **No me asusta el fracaso**
> **porque eso me hace más fuerte**
> **Te sacaré la cara,**
> **me dormiré en tus brazos.**
> **Nos reuniremos todos**

bebiendo del mismo vaso.

En *La noche* es la protagonista de esta, en la que la gente se crece cuando llega la noche. Y el último corte del disco es el de Maldita mujer, una de las mejores canciones del trabajo, un blues infinito en belleza y amargura, siempre en torno a esa figura de la *Maldita Mujer*:

> **Mi corazón**
> **es un charco en mitad del camino**
> **Tu corazón**
> **se ha alegrado brindando con vino**
> **Y aunque estás con él**
> **sé que estás conmigo.**
> **Maldita mujer**
> **me mordiste el corazón**
> **y aún llevo veneno**
> **y ahora vivo sin control**
> **Benditas las drogas**
> **que me ayudan a olvidar.**

El álbum está dedicado a la memoria de Lee Brilleaux, cantante y guitarrista de la banda de Rock británica **Dr. Feelgood**, fallecido el 7 de abril de 1994.

Discazo de auténtico Rock&Roll; marchoso, cañero y vacilón… Fito y sus colegas siguen haciendo de las suyas, ampliando influencias hacia raíces más añejas, y tocando lo que les gusta y como les gusta[13]. Para

---

[13] Crítica de la Heavy Rock.

Iñaki simboliza *"el disco de la confirmación, el del asentamiento. Se pasa de ser una promesa a un grupo"*. Fito nos explica: *"Yo siempre he sido un poco vacilón. Era una forma de marcar territorio, ¿no? Aunque reconozco que para hacer realmente buen Rock hay que ser americano"*. Con Hay poco Rock & Roll consiguen su primer disco de oro al superar las 50.000 copias vendidas.

Cadena 100 editó un maxi promocional llamado Cantalojas conteniendo versiones en directo de los temas Cantalojas, Sin solución, Si tú te vas, y Muero por vivir extraídas de un concierto especial que hicieron para la emisora.

A mediados de 1994 y durante la gira de Hay poco Rock & Roll, invitan a los miembros de **Platero y Tú** para grabar Pedrà. Este álbum experimental que surge de la idea de Selu de **Reincidences**, se convierte en un interesantísimo proyecto musical. Selu se pone en contacto con Robe y le propone hacer un disco experimental con más gente de otros grupos pero con planteamientos similares, con los músicos preferidos de cada uno. Robe, nada más conocer el proyecto, empieza a componer con la idea de que sea una sola canción. Los músicos de este disco fueron, Gary, Iñaki *Uoho* Antón, Diego 'D', Robe, Fito Cabrales y Selu. La guitarra flamenca y el saxo dan a la canción unos ricos tintes de fusión rockera que cambian constantemente según va evolucionando la canción, dando unas veces relevancia a la guitarra, otras a los vientos y siempre a los textos muy alusivos y picantes de Robe. Se reúnen en Bilbao y van coordinando el trabajo. *"Yo iba componiendo y cada vez que nos reuníamos en el ensayo ya tenía preparado otro cachito... Se fue haciendo poco a poco y cuando llegamos a media hora, dijimos, se acabó. Yo componía y* *entre todos lo organizábamos* ", explica Robe[14]. Compuesto inicialmente por una única canción de veintinueve minutos, en los que se entrecruzan guitarras rocanroleras potentes y las melodías más dulces, en el que las ideas fluyen rápidamente y cada músico aporta sus ideas alcanzando un resultado muy válido. Posteriormente se dividió en varios cortes de cara a poder editar algunos fragmentos en un single promocional y con la idea de que también **Extremoduro** lo incluyera en sus shows en directo, dado que le interesaba a la discográfica hacerlo de esa manera.

---

[14] http://esperandolasal.wordpress.com/la-pedra/

"Gracias al Polako (Flying Rebollos) por darnos la idea del título del disco"
Créditos de *A pelo*

A PELO

Se reedita *Voy a acabar borracho* en mayo de 1996 con DRO, que ya había adquirido los derechos sobre el disco. *"Cuando lo hemos querido recuperar para la reedición, ni querían sacarlo ni nos vendían el máster. Fue una historia que hasta que se ha aclarado ha pasado bastante tiempo"* recuerda Fito Cabrales. La banda no se opone a sacar este disco de nuevo, se retoma básicamente el material antiguo, se añade alguna pista en la que se habían perdido las guitarras de *Ramón* y *Mira hacia mí*, con una mejora de sonido. El grupo admite que no es ninguna maravilla el sonido que se saca, pero es un documento sobre cómo sonaba Platero en sus orígenes. Se reedita como homenaje a sus incondicionales, que no pudieron hacerse con una copia de la primera edición del disco con Welcome Records. La portada es casi exactamente igual a la original, la cambian ligeramente. *"La reedición fue una cosa de mutuo acuerdo entre la discográfica y nosotros, el disco estaba ahí perdido, no hacían nada con ello y lo recuperamos... Yo no me lo pongo en casa, no te voy a engañar. Lo oímos y nos partimos el culo, porque desde la forma de tocar hasta la voz, la forma de grabar, etc. Lo único que le tenemos el cariño de ser lo primero, que te vienen a la cabeza mogollón de historias. Yo creo que ese disco tampoco se lo compra cualquiera, le tiene que gustar mucho Platero y Tú"* recuerda Fito Cabrales.

Tras dos años desde la aparición de su último disco de estudio, en mayo de 1996 aparece el primer álbum doble en directo de la banda. *"La gente quería un directo, nos lo preguntaban casi todos los días y aparecieron muchos discos piratas, muy mal grabados, y estábamos en un momento perfecto para grabarlo, con un repertorio muy majo que nos apetecía actualizar, repasar todos los discos que llevábamos. A cualquier banda de Rock le gusta grabar un directo, es como la esencia de su curro, conservarla de alguna manera... Llegó la discográfica y nos lo planteó. Pensamos hacerlo y nos pareció una cosa bastante fácil. Fue una chapuza de la hostia, pero pensábamos eso: Tocas, te graban y ya está. Luego era, tocas, pero con un Cristo de la hostia... espero que pasen muchos años hasta otro disco en directo"* reconoce Fito. El doble cedé se editará con el nombre de *A pelo*, sugerido por Polako (miembro de los **Flying rebollos**), debido a que la banda decidió grabar su directo sin remasterizar ni elaborar el sonido.

El álbum se graba entre noviembre de 1995 y febrero de 1996, iniciando las diferentes grabaciones el 25 de noviembre de 1995 en la Sala arzobispo de Barcelona, y finalizándolas el 29 de febrero de 1996 en el Kafe Antzokia[15]. Nueve temas se grabarían en este local vasco, seis más en el Coliseum de A Coruña, y los cinco restantes repartidos entre la Sala Canciller de Madrid y Barcelona.

La producción es prácticamente nula. Se ajustó un poco de sonido y se puso a la venta. El grupo quería que sonase natural, sin artificios ni retoques, como suena un grupo en directo, ni más ni menos. Es por ello que suena crudo, directo, potente y muy eléctrico, con acoples de micro de vez en cuando. *"Lo grabamos con Aitor y la unidad móvil de Lorentzo Records, con Iñaki luego supervisando las mezclas, claro... Suena crudo, pero a mí me gustan los discos en los que no se ve la producción, que suenan naturales. El sonido puro, el sonido real, es el más difícil de conseguir, pero a veces a los productores se les olvida que su trabajo es que no se les note, que un Marshall suene igual en los bafles de tu casa que en el*

---

[15] Un local nacido con la aspiración de convertirse en un referente de la cultura vasca e internacional. www.kafeantzokia.com

escenario, o en la sala de ensayo, y eso que parece fácil es muy complicado. Conseguir esa presencia, esas impurezas que son lo que marcan realmente el sonido de un grupo en directo, lograr que luego se transmitan al disco, resulta mucho más difícil que lo que se hace normalmente, que es ponerte el Marshall en plena cara, que es algo irreal, falso. Iñaki siempre ha buscado esa fidelidad al sonido de directo, y en eso siempre ha sido bastante bueno" nos explica el vocalista del grupo. La grabación del disco en directo supuso mucho pressing para el grupo, *"Había veces que por ejemplo en vez de dar un salto no lo dabas, por el hecho de que te estaban grabando y si quedaba bien; pero pensamos que quedaba soso, no parecía un directo. Nos dio mucho trabajo porque teníamos muchas canciones, estaban muy bien tocadas pero no tenían frescura ni tenían nada, y luego también otras que habían salido mal"* reconoce Fito.

La potente foto de la portada de una imagen de Juantxo en pleno concierto pertenece a Javier salas, y la de la contraportada en la que aparece Uoho con la guitarra en alza pertenece a Pablo Cabeza.

Respecto a la elección de las canciones: *"Material teníamos bastante, lo que pasa es que luego el rollo era entre nosotros. Una canción la teníamos grabada cinco o más veces, entonces era el hecho de ponernos nosotros de acuerdo de cual estaba mejor. Más o menos sabíamos las que tenían que ir fijas, hay muchas que se han quedado fuera, pero es que teníamos tanto material que se nos iban los minutos. Al principio queríamos haber sacado un disco simple pero no pudimos. Para nosotros ya es un disco bastante largo, tampoco queríamos hacer un directo en plan "txapas"... creo que la gente ya no oye los discos tan largos"* nos cuenta Fito. En el tema *Si tú te vas*, que cierra el concierto de Bilbao, la versión libre de *Rockin' all over the world* de **John Fogerty**. Fito dedica esta última al grupo de Reggae **Ke Rule** y mezcla el comienzo de la canción con el estribillo de *No Woman, No Cry* de **Bob Marley**. El último corte del álbum, *Muero por vivir*, es un tema inédito, grabado en los estudios Lorentzo Records especialmente para este disco, y que no ha sido editado en ningún otro álbum, todo un regalo de los **Platero y Tú** a sus aficionados. En algunas ediciones del doble disco en directo se regalaba un video en VHS con muchos de los temas en directo, algunos videoclips de la banda, y cortes entrevistando a los miembros del grupo y amigos de éstos, como Suso o Iñaki Marabao. Como curiosidad colabora en el tema *R&R Batzokian* su compositor, Josu Zabala[16], interpretado en directo en el Kafe Antzokia de Bilbao.

El resultado fue un éxito total de ventas con el que consiguieron otro disco de oro. *"Se trataba de reflejar lo que era la banda en aquella época y creo que es fiel, no tratamos de hacer un concierto especial, es nuestro sonido habitual de la época"* reconoce Fito. Está considerado como uno de los mejores discos en directo de la historia del Rock español. *"A Pelo sería el resumen de una carrera hasta el momento, y ventas por primera vez"* nos cuenta Iñaki. En resumen *"el disco mola porque refleja lo bueno y lo malo de lo que éramos los Platero, lo que había, y punto, no éramos ni más ni menos. No hay trampa, creo que por eso me mola, cierras los ojos y nos puedes ver en el escenario"*. El disco también les ha servido *"para haber estado dos años sin hacer ningún disco nuevo y eso a la hora de componer te deja más tiempo, haces más canciones y puedes elegir. Para mí es mala idea el sacar un disco al año, a no ser que seas un prodigio"* recuerda Fito.

---

[16] Compositor, coros, bajo y <u>trikitixa</u> (acordeón diatónico vasco) del grupo **Hertzainak**.

Se comercializó como un disco doble originalmente con más de 100 minutos de música en directo. Pero hubo un problema al pasarlo a serie media, lo sacaron como sencillo en agosto de 1997, dejando fuera temas como *Mari Madalenas, El roce de tu cuerpo* o *Desertor, "pero le pedimos a DRO que lo reeditara tal como era. Claro, mucha gente se lo compró como sencillo y nos puso a parir... Yo siempre he pensado que un disco, cuanto mejor lo hagas y más cariño le pongas, pues sale más bonito, pero eso ese tipo de historias no me gustan, porque a mí que me den un cacho de plástico con una hojita y un disco dentro, me parece pobre, creo que hay que hay que currárselo más, meter las letras, fotos, algún extra que mole, y la gente te lo agradece. De todas maneras tampoco es que se hayan quedado muchos temas fuera de los discos, por lo menos temas que merezcan la pena, siempre hemos grabado lo justo"* explica Fito.

Tras la publicación del álbum *Àgila* de **Extremoduro** el 23 de febrero de 1996, los grupos **Platero y Tú** y **Extremoduro** deciden embarcarse en una gira conjunta: *"Son colegas, llevan un poco el mismo rollo que nosotros y tampoco hay muchos grupos en este país con los que se pueda hacer una cosa como esta"* explica Fito Cabrales. Tiene sus beneficios hacer una gira en conjunto como reducción de costes, se facilita la tarea a los promotores y el público es el mayor beneficiado.

Destaca el cartel oficial de la gira, en el que se mostraba como un espectáculo circense titulado "LA GIRA, formidable espectáculo **Extremoduro** y **Platero y Tú**, ocho artistas en pista". Llevan de Road Manager a Polako, por su inexperiencia tuvo que ir aprendiendo muchas cosas a lo largo de la gira conjunta, a base de equivocarse. Pero no deciden hacer una gira con conciertos en los que toca primero un grupo y luego el otro, sin algo más original. Roberto Iniesta lo recuerda así: *"Vamos a hacer una cosa nueva, no simplemente tocar dos grupos juntos, algo más* *comprometido. Seguramente no se parará para nada durante el tiempo que dure el concierto".* Fito Cabrales lo complementa: *"Se plantea desde el punto de vista de que nadie es más importante, aunque en aquellos momentos* **Extremoduro** *eran una banda mucho más grande que nosotros. La historia era que fuera divertido, que entrara yo, saliera Robe, luego al revés; queríamos montar algo diferente, de pura camaradería. Fue idea de Robe e Iñaki y a todos nos pareció de puta madre, y salió una gira súper guapa. No era fácil que saliera bien, había que ensayar mucho y aún así era difícil prever qué podía pasar cada noche".* Aparecía en escena uno de los grupos, y en un momento dado tocaban una canción del otro grupo, momento en el cual los miembros de la otra banda hacían acto de presencia en el escenario, y empezaban a tocar juntos. En la canción siguiente el primer grupo abandonaba las tablas, y permanecía el segundo, tocando sus temas. Más tarde, se repetía la historia, y de este modo, tocaban unas tres o cuatro veces cada uno de los grupos.

Fito lo recuerda así: *"Nos sentíamos los reyes del mundo, aquello fue una alegría, todos los conciertos reventando... Iñaki acababa muerto porque tocaba todo el rato, con los dos grupos, pero feliz. La verdad es que ellos podían haber hecho la gira ellos solos, fueron muy generosos, pero es que Robe es como es, no se plantea qué es mejor para él, sino lo que le mola hacer... y nos metíamos todos de todo... Y no tiene por qué dar problemas, a no ser que se te vaya de las manos y no puedas tocar. Pero la droga o el alcohol es un problema cuando se le va la mano a un músico o un mecánico. En aquella gira hubo mucha droga pero no afectó en absoluto, al contrario. Para mí la droga más chunga, la que te puede tirar al suelo más fácilmente es el alcohol. Sería mentir si dijera que no he salido a tocar con una castaña de impresión y a veces me ha hecho meter gambas, pero igual que otras veces he salido sobrio y la he cagado".*

Las dos bandas se llevaron muy bien durante toda la gira, hubo muy buen rollo: *"No hubo ningún choque, lo llevábamos de puta madre... En aquella época tocaba el bajo con ellos Ramón, un tío más majo que la hostia, un tío como yo pequeño, nervioso, un perroflauta que te hacía música hasta con las papeleras. Y que éramos tan chapas y nos lo pasábamos tan bien juntos que Robe decía que nos iban a poner un camerino para nosotros, para que dejáramos de dar por culo"*.

Entre otras actuaciones, estuvieron en la primera edición del festival Viñarock de Villarrobledo (Albacete), y terminaron la gira llenando dos veces consecutivas el Palacio de los Deportes de Madrid en Noviembre de 1996. Así lo corrobora Juan Destroyer: *"Dos noches las localidades agotadas, para que os hagáis una idea, unas 25.000 personas a la fiesta, y eso que no son ni guapos, ni comerciales, ni vendidos, ni lameculos, todo un suceso digno de admiración"*. Tanto **Extremoduro** como **Platero y Tú** quedaron encantados aunque agotados de esta gran gira. Vino mucha gente a verlos a los conciertos, sobre todo para ver a **Extremoduro**. Les facilitó mucho las cosas a los dos grupos, pero sobre todo a **Platero y Tú**. Fue un punto de inflexión para ellos, *"los medios descubrieron al grupo cuando tocó en el Pabellón, porque la verdad es que nunca nos han hecho mucho caso"* recuerda Fito.

Durante esta gira surgió un proyecto paralelo: *"Cuando hicimos la gira conjunta, la última noche me entra Roberto en la habitación a las tantas con un papel escrito a mano que dice –Yo Adolfo Cabrales me comprometo a grabar el disco con los poemas de Manolillo Chinato- o algo así, y yo flipo porque no sabía qué coño era eso, pero como Rober era así, por quitármelo de encima y que me dejara dormir en paz lo firmé. Yo les había oído hablar de Chinato, que era un poeta amigo suyo y que habían hecho cosas juntos, pero nada más. El caso es que nos lía a Iñaki y a mí, quedamos para hablar con él en su pueblo, nos dio un taco de folios del copón".*

De todos estos conciertos se conservaron registros de audio para la posterior publicación del primer disco en directo de **Extremoduro**, *Iros todos a tomar por culo.*

Maldigo a todos esos locos
que quieren gobernar la vida,
sin las palabras del poeta
y sin las manos del artista.
Canción *Alucinante* (**Platero Y Tú**)

7 (SIETE)

Llevaban tres años sin sacar canciones nuevas de estudio y los seguidores ya estaban ansiosos por escuchar el nuevo álbum de los de Bilbao. "*Llevábamos dos años componiendo, pero sin entrar a grabar, nos hemos juntado con tantas canciones que entre meter una versión y una canción nuestra preferimos meter la nuestra. Aunque, de hecho, cuando estábamos preparando el disco teníamos pensado meter una versión, bien de un tema de la Creedence o de Leño, una de las dos*" nos cuenta Fito.

"*Antes de meternos en el estudio ya lo habíamos grabado en casa, fuimos prácticamente a acabarlo allí... Entonces el trabajo previo al estudio lo hemos podido hacer a gusto, tomándonos tiempo, esta vez sí que lo hemos hecho como hemos querido. Además, para serte sincero, lo de desarrollar más los temas es algo a lo que hubo una época en que no nos atrevíamos mucho, pero que siempre nos había apetecido*", afirma Iñaki. Respecto a las canciones, "*tampoco queremos perder la frescura y que suene a música 40 principales. Son canciones de Rock&Roll pero bastante directas. Muchas veces hacer las cosas simples es lo que más trabajo te da. Queríamos hacer canciones simples y muy directas, pero esto muchas veces es más complicado que empezar a adornar las cosas hasta que suene bien*" reconoce Fito.

Se graba en Lorentzo Records, con Iñaki Uoho controlando la producción de Platero, consiguiendo un sonido muy bueno. Es el disco que "*más hemos sabido elaborar, el que más hemos sabido preparar antes de ir al estudio y el que más hemos sabido sonar, se nota más"* opina Iñaki. Sin duda supone un cambio con respecto a los anteriores. Las letras se vuelven más íntimas y adultas, y aparecen arreglos de viento y cuerda, producido por Iñaki, y de una manera exquisita. Sigue siendo rockero, aunque es un Rock mucho más maduro y con canciones muy cortas. *"Queríamos que fuera así* (un disco corto)*, antes incluso de empezar a prepararlo lo teníamos claro. Estamos un poco cansados de escuchar discos muy largos, con mucho relleno, y nos dimos cuenta que los discos que más nos gustan son cortitos, el 'Corre, corre' de* **Leño***, el 'Led Zeppelin IV'… y todos estos que duran 40 minutos"* nos comenta Uoho, y tardaron *"como cuatro meses en grabarlo, pero entre las tomas y la mezcla, estuvimos cinco semanas de descanso, y nos hemos tomado días libres. Yo también estuve de gira con Extremoduro. Hemos estado muy a nuestro aire"*.

Colabora Roberto Iniesta de **Extremoduro**, magistralmente en los temas *Si miro a las nubes* y *Por mí*, Manrique Cabrales, batería del desaparecido grupo **En medio**, colabora en cuatro temas haciendo los coros: *Por mí, Mujer, Alucinante* y *Al cantar*. También colabora Javi Alzola tocando el saxo, al trombón Elies Hernandis y a la trompeta Patxi Urtxegui, en los temas *Mujer, Mendrugos* y *Al cantar*.

Sobre la portada no se preocuparon mucho, estaban muy contentos con el resultado, no les importaba que pareciera que se había improvisado en el título y en la portada. Uoho nos comenta: *"lo que pasa es que esta vez estábamos metidos en el estudio con el disco, con el disco…, y cuando llegó el momento no teníamos titulo, y elegimos '7' porque no se nos ocurría uno mejor en un día, la verdad"*. El trabajo finalmente saldría al mercado el 29 de septiembre de 1997. La discográfica DRO apostó por poner una foto de cada miembro del grupo, las fotografías son de Javier Salas.

Respecto a las canciones: "*hemos procurado, en la edición, que varios temas en este disco vayan unidos, de manera que a veces parezca que tengan una conexión, pero cada uno tiene una entidad independiente*" aclara Iñaki. El álbum comienza con un potente *Por mí*, la pusieron la primera porque les pareció el más majo, por la entrada que tiene. Un tema con mucha fuerza, en ritmo y letra. El segundo temazo del disco es *Si miro a las nubes* nos habla de la desilusión y de realidades de la vida:

Y aquel viejo profesor
que nunca supo explicar
la verdadera lección,
si lo pudiera encontrar.
Y aún recuerdo el olor a serrín...
en aquel viejo bar,
vino blanco mezclao con mistela.
Así aprendimos a volar...
pero hoy no nos queda ilusión y los sueños se pudren.

Rock&Roll todo un homenaje al famoso cantante/guitarrista Carl Perkins con la canción *Blue suede shoes*, una canción un tanto clásica pero con un ritmo alucinante. En *Magia* se pregunta si vale la pena dejarse la vida por el Rock&Roll, pero al sonar la primera canción en seguida recuerda el por qué:

Cada vez me pesan más los huesos
todo es gris, ya no existe otro color.
Las resacas me duran más tiempo
y el maldito bajón

> me ha arrancado de cuajo la ilusión.
> Me pregunto si tendrá sentido
> dejarse la vida en el rock'n'roll.
> Pero aunque me escuezan las heridas
> el dolor me dirá
> que soy yo el que tiene la razón.

En *Mujer* habla del calor que dan las mujeres en muchos sentidos. Eligieron la canción *Alucinante* como el primer single, *"porque suena muy directo, es corta, quizá porque es el menos desarrollado, y a lo mejor por eso"*, afianza Fito. Toda una reflexión sobre la vida bajo las influencias de las drogas:

> No sé si es cierto lo que he visto
> O es el efecto de una droga
> ¡Qué bien! Hoy todo es tan distinto
> parece que el mundo funciona.
> La gente ya no siente miedo,
> las sombras tienen mil colores
> ...
> Maldigo a todos esos locos
> que quieren gobernar la vida,
> sin las palabras del poeta,
> y sin las manos del artista.
> Y es que es tan alucinante...

En *Mendrugos* nos muestran como las relaciones fallan. Otra canción lenta, al estilo de *Alucinante*, es *Al cantar*, inicialmente compuesto por Fito Cabrales para el grupo cántabro **En Medio**[17], y la que llevaba el título *Triste* en su maqueta, y en cuyo grupo milita el hermano de Fito, Manrique Cabrales.

**Al cantar me puedo olvidar
de todos los malos momentos,
convertir
en virtud defectos.
Desterrar la vulgaridad
aunque sólo sea un momento,
y sentir
que no estamos muertos.**

Qué larga es la noche es el último corte del disco, otra canción lenta pero con una letra magnífica:

**Contaré los minutos
¡qué lento anda ahora ese reloj!
No puedo seguir
ni una sola noche más así.
¡Qué larga es la noche
si esperas el día!
Los sueños que busco no encuentro
en la oscuridad.**

---

[17] http://www.myspace.com/enmediorock

La nueva gira la han planificado de acuerdo con su filosofía: *"que es hacer un concierto de Rock&Roll con las canciones. Tocar un concierto de Rock&Roll, hora y media o algo más... Llevan a los conciertos un teclado para algún que otro arreglo que se hace en los discos... Nosotros estamos dispuestos a no llevar programación nunca"*, reconoce Iñaki Uoho. Para el vocalista: *"En la época de '7' el tándem (Iñaki y Fito) seguía funcionando bien, aunque ya entonces la mayoría de las canciones eran mías, salvo 'Mujer', e Iñaki se ocupaba más de montarlas, de la parte técnica"*.

El resultado del trabajo es muy bueno, *"creo que es el disco en el que hemos conseguido el sonido que queríamos. Nos hubiera gustado hacer sonar los demás cómo éste"* indica Iñaki Uoho. Y para Fito resultó que *"7 es uno de nuestros mejores discos, y que tenía un sonido cojonudo"*. El crecimiento del grupo continúa imparable, obteniendo un nuevo disco de oro que los lleva a girar por todo el país.

Tras ese álbum deciden tomarse un respiro para dedicarse a sus proyectos paralelos, principalmente Fito, con sus **Fito y los Fitipaldis**, e Iñaki acompañando a Robe como primer guitarrista de **Extremoduro**. *"En aquella época sufría diarrea de canciones, y había algunas como 'Al cantar' o 'Si miro a las nubes', que podían haber valido para cualquiera de las dos historias, y otras como 'Por mí' que estaba claro que era para Platero... Yo les presentaba las canciones y ellos elegían y nos poníamos a trabajar con ellas, pero no había criba previa por mi parte, no me guardaba las que consideraba mejores ni nada parecido"* reconoce Fito Cabrales. Finalmente en 1998 aparece el primer disco de Fito en solitario, grabado la última semana de diciembre de 1997.

Pero entre proyecto y proyecto, a **Platero y Tú** le surge la oportunidad de salir al extranjero, a una especie de intercambio de grupos.

Lo hacen a mediados de septiembre de 1998, en un periodo en el que el Huracán George está presente desde el 15 de septiembre al 1 de octubre de 1998. *"Estuvimos una vez tocando en Cuba, en un intercambio de grupos. Yo nunca había salido de España y me fui al extranjero por primera vez a ese país. Lo pasamos genial, fuimos con Fermín Muguruza. Se tuvieron que anular algunos conciertos que teníamos allí porque acababa de arrasar toda esa zona el huracán George. Pero era una época muy mía, salvaje y no recuerdo mucho de aquello"*[18] reconoce el grupo. Gracias a la Fundación Autor de la Sociedad de Autores de España y al emergente panorama de grupos rockeros de Cuba se celebró en La Habana un concierto con los grupos españoles **Platero y Tú** y **Fermín Muguruza eta Dut**, junto a los cubanos **Agonizer** y **Cosa Nostra** en el Teatro Carlos Marx. El concierto fue el 19 de septiembre, en los días previos al paso del huracán Georges por la isla. Era la primera vez que en el mencionado teatro tocaban grupos de Rock; La primera vez que instituciones cubanas consienten una cierta carta de naturaleza al Rock, después de que, tras la revolución, este fuera considerado como instrumento al servicio de imperialismo. Tres mil personas pudieron disfrutar con el marchoso Rock&Roll de los platero, asombrosamente seguidos por muchos cubanos. Fito reconoce: *"Yo creo que me desencanté, desde luego no creo que me vuelva a poner una camiseta del Che. Me pareció que todos eran maderos, era una historia muy rara... Hay cosas que están muy bien, pero luego faltan otras que te parecen increíbles, le dabas una púa de guitarra a alguien y era como una pepita de oro... A mí se me hace muy grande pensar en la sociedad, yo me fijo en las personas y allí me encontré con muchas que las pasaban putas. Y si veo eso, me parece que algo va mal en*

---

[18] Reseña Popular 1

ese sitio... Si yo fuese músico en Cuba estaría en la cárcel. Y cualquier tipo de poder que no quiera ser criticado me parece una mierda. Allí se hace del son cubano el uso que en la España franquista se hacía de la copla. Es una música acojonante, pero hay muchos chavales que la odian por lo que representa. Yo no te hablo de la Cuba del Che, yo te digo lo que me encontré". También tuvieron tiempo para visitar a Compay Segundo, Fito e Iñaki se maravillaron con la técnica del maestro.

Fito y los Fitipaldis se van como teloneros de **Extremoduro** durante la gira de 1999. A todo esto, desde 1996, Iñaki Uoho se había convertido en productor de **Extremoduro** y en miembro fijo como guitarrista y arreglista.

Y tantos homenajes por personajes muertos,
primero el puñetazo, luego el monumento.
Perdido entre dos mares, sin viento, sin bandera.
No quiero escaparates, quiero la vida entera.
Canción *Entre dos mares* (**Platero y tú**)

CORREOS

Tras la gira de los **Fito & los Fitipaldis** como teloneros de **Extremoduro**, han estado los cuatro componentes de **Platero y Tú** en la misma, y eso ha quitado tiempo a **Platero y Tú**, pero Fito considera que eso es bueno, ya que lo ha dejado en punto muerto, y luego a arrancar de nuevo otra vez.

¿Se habrían olvidado de ese lindo borrico llamado Platero? Le han dejado tres años sin probar bocado y el pobre casi muere de inanición.[19] Fito cree que Correos se grabó *"por cabezonería, por llevar la contraria a la gente que decía que no íbamos a grabar otro disco. Y un día nos reunimos y dijimos –vamos a grabar otro aunque sólo sea por joder a los agoreros-"*. Cuando grabaron *7* y *Correos*: *"fue porque aún teníamos muchas ganas de hacer música juntos, y se nota eso y también que habíamos madurado bastante como músicos y compositores, y que como banda funcionábamos de puta madre juntos. Estábamos en un momento dulce y creo que sólo por dejar constancia de eso merece la pena que esos discos queden ahí"*.

Fito tuvo un corto momento de falta de inspiración antes de grabar *Correos*, *"Hubo momentos en que me llegué a saturar, el 'Correos' de Platero lo hice casi al mismo tiempo que el de Fitipaldis y el de Extrechinato, y luego el tercero mío... Yo creo que me he quedado un poco*

---

[19] Reseña de Ñiko Martínez.

seco para escribir, tengo que vivir nuevas historias para poder contarlas..." reconoce Fito. Y por ese motivo se han escrito prácticamente todas las canciones a principios de 2000.

En primavera de 2000 se vuelven a juntar para grabar este nuevo disco en el estudio casero de Iñaki. A fuerza de ensayos y de pasar mucho tiempo en casa de Uoho, el cual se ha montado un miniestudio en casa de Uoho. Éste lleva completamente las labores de producción. *"Grabando en casa de Iñaki estábamos más a gusto que en Nueva Orleans, que eso influye, y no teníamos ninguna presión con las horas que nos tirásemos, o si una noche no estábamos inspirados y nos pirábamos, y eso es un lujo que no te dan en ningún estudio, porque se te come el presupuesto, tienes que amortizar cada hora que pasas allí"* reconoce el vocalista. La composición de los temas *"pues como siempre, se presenta un esqueleto que anda por casa, lo llevas ahí, lo tocas y luego, al juntarlo con los cuatro... hay muchas canciones que de cómo las saqué en la acústica a como son en el disco, no tienen nada que ver, esa es la gracia que tiene esto"* según Fito.

Fito explica cómo fue la grabación, *"cuando paramos entramos en el estudio, y fue una grabación de buen rollo pero sin la implicación que siempre había habido entre los cuatro, porque realmente Correos nos los comimos Iñaki y yo. Normalmente lo lógico es que todos estén mientras graban los demás, aunque no les toque, y entonces no pasaba... Las mezclas, prácticamente, las hicimos nosotros dos a nuestra bola"*.

En este disco y en el anterior donde más se nota la influencia del Rock americano de los setenta. Si en el anterior se podían ver destellos de **Led Zeppelin** o del Rock más clásico de los años cincuenta, en Correos se nota la influencia por todas partes a **Status Quo**.

Seguía el sonido del anterior disco, pero la faceta de las canciones de piano se resiente para volver al sonido que siempre les ha caracterizado. Temas cien por cien de Platero, pero con una mejora considerable en la utilización de instrumentos. Se notan letras más maduras y nuevos sonidos. Con solos, con guitarras sucias, con guitarras potentes, todo, en este nuevo disco es todo Rock&Roll, Fito opina que: *"tiene trabajo de producción, y de guitarras, y de voces, coros de todo, aunque lo pones y no se aprecia, pero hay mucho curro de arreglos, igual hemos subido mucho las guitarras en la mezcla, y suena muy directo, y parece que sólo hay dos guitarras cuando lo oyes, que es lo bueno... si hay alguna pista más es porque le va a dar color y va a quedar bien... Y las partes de guitarra se han grabado cantidad de veces, y no sé por qué, cada vez que la teníamos grabada se nos ocurría otra línea de guitarra, y había que volver a grabarla. Hay temas que tienen cinco guitarras, y las voces igual, tienes la voz, y luego le añades un coro, y venga grabaciones, pero el resultado creo que ha sido bueno"*.

Vuelve la colaboración habitual de Roberto Iniesta en la canción *Humo de mis pies*. También mete guitarra slide Bátiz en *Cigarrito*, técnico de Lorentzo Records que después fue guitarrista de los **Fitipaldis**.

Finalmente el 2 octubre de 2000 decide la discográfica DRO poner a la venta el nuevo plástico de **Platero y Tú**, *Correos*.

Sobre la portada, Juantxu nos comenta: *"Nuestro problema es que grabamos el disco, y no se hacen los títulos de las canciones, la portada y tal hasta el final. Entonces, yo no hacía ninguna portada porque tampoco sabía por dónde iban los títulos de las canciones, hice varias y al final esta es la que más me gusta, hizo gracia lo de correos, a mí de título me gustaba... Lo que yo hice para el cedé era una bomba originariamente, era dinamita con un reloj, y la cuenta atrás con menos dos segundos. 'Correos' no es un título identificativo para el octavo álbum de* **Platero y Tú**. *El nombre del disco se eligió en razón de la portada, un bonito grafismo en el que se aparenta que el disco es un paquete postal con cuatro sellos en cada uno de los cuales aparece uno de los componentes de la banda. Los sellos tienen los valores de diez, quince, dieciocho y veinte pesetas, lo que permite que cada uno de ellos tenga un color diferente. El que tiene menos valor es el de Fito, pues sabíamos que no se iba a quejar... Aunque el grupo diga que yo soy el responsable, en realidad decidimos entre todos",* bromea Juantxu haciendo alusión al tema. Como curiosidad siempre Juantxu ha puesto enigmas en las portadas y mensajes encubiertos, hay cuatro sellos con la foto de cada uno, yo, Uoho y Jesús estamos juntos a la derecha de la cuerda y Fito está solo en la parte de la izquierda. En el matasellos que le corresponde a Fito se puede leer 'APARTAdo', y en los matasellos nuestros se lee 'DOS' y 'HARTADOS', curioso ¿no?.

Las canciones de este disco son genuinas del Rock&Roll. El tema que da inicio al disco es *Cigarrito*, significa todo un acierto, en el que desvela muchos datos de lo que estaba sucediendo en el grupo, recordando lo que ha significado el grupo, ya no significa demasiado las primeras composiciones para Fito, es mejor que se pare el tren de los Platero, y lo que otros piensen no le interesa demasiado a Fito:

Voy a parar en el camino
y en lo que dura un cigarrito,
voy a pensar en estos años
todo lo que ha pasado.
En el cajón de la memoria
guardo trocitos de la historia,
las páginas que ya han pasado

de un libro inacabado.
Cantar sabiendo lo que dices
es tarde para arrepentirse...

En *Un ticket para cualquier lugar* nos narra Fito que es hora de coger el tren y dejar atrás su pasado. La canción *Entre dos mares* tiene su historia: *"Esa es un descojono, porque es una letra que tenía yo hace mogollón de años, esa la tocaba con la acústica, y un día Juantxu sacó la música y me quedé flipao porque cuadraba a la perfección, la íbamos escuchando en el coche y mentalmente iba cantando mi letra encima, y es que clavada, lo que había estado buscando durante tres años surgió de repente. Pero en el fondo sigo hablando de mí, tratando de convencer a un tío que siempre tenemos las de perder"* reconoce el vocalista. Con una letra y una composición magnífica, nos habla sobre la opresión y de la libertad:

Cuidao, que mi guitarra es una metralleta
¡Maldito desgraciao, tu voz no es la de todos!
Ponte el traje de luces que te coge el toro.
Perdido entre dos mares, sin viento, sin bandera...
no necesito llaves para cruzar las puertas.
Me quedaré en el aire para no pisar la mierda

En *Caminar cuesta arriba* nos narran una historia de la pérdida de un padre porque al padre lo busca la policía, y cómo lo vive su madre:

Papá se fue a vivir a Jerez,
me han dado su teléfono móvil.
Dicen que si le coge la poli

jamás le veré.
Mamá ha estado bebiendo otra vez,
se oye en el barrio que ya no está de moda,
llevar botellas en la cazadora y llorar por llorar.

En *Naufragio* Fito nos sumerge en un naufragio del corazón, no llegar a alcanzar la persona deseada:

Restos de un naufragio que trajeron las olas...
De cartón. Si todo es de mentira es todo de cartón,
para qué buscar entre cenizas una explicación.
Si al final se está acabando el tiempo y eso es lo peor.

En *Entrando cruzado* es un curioso homenaje a **Barón Rojo**, habla de la modernidad y la capacidad de la gente para adaptarse. En *Salvaje* nos cuenta que va a ser salvaje hasta morir. En *Humo de mis pies* usa riffs puramente rockeros, "*siempre hemos hecho alguna de ese tipo, yo tengo un ramalazo por ahí*" reconoce Fito Cabrales. Habla sobre no parar de hacer cosas y por eso le sale humo de sus pies. *Me da igual* es un tema melódico con toques de Rock clásico, en el que todo le da igual:

Puede que esta noche encuentre aquí,
en el fondo de cualquier botella,
todo lo que te quiero decir.
Pero nunca sé de qué manera.

En *¡Qué demonios¡* nos habla de la muerte y del temor que causa. En *Pero al ponerse el sol* es un tema de **Los Bravos**, y la extraen de una grabación previa de la banda sonora de 'Muertos de risa'. Y la canción *Muero por vivir* aparece como bonus track de estudio, ya había aparecido en directo en el disco *A pelo*.

Si **Platero y Tú** hacía un disco era para disfrutar de la gira. La banda emprende una nueva gira que los lleva a abarrotar los lugares por donde pasan. *"Fue muy buena, más profesional. Tocábamos en sitios más grandes... Cuando estás metido en una gira funcionas como una máquina, tienes que sacar adelante cada concierto, cada noche, y hasta que no paras y te enfrías no te das realmente cuenta de las cosas"* dice Fito. *"A nivel de directo, 'Correos' es el disco que mejor está funcionando, los conciertos que estamos haciendo están teniendo su respuesta por parte de la gente bastante maja"* dice el batería del grupo. El sábado 5 de mayo de 2001 tocaron en el Viñarock: *"es un festival consolidado, en el panorama actual, y con bastante mérito además, porque el hecho de que todos sean grupos nacionales es una apuesta arriesgada y que tiene mérito. También la fecha que tiene es un poco la presentación de lo que va a ser el verano"* dice Jesús García. El 24 de agosto ofrecieron un multitudinario concierto en la Plaza del Gas bilbaína con motivo de la semana grande de Bilbao, la ciudad que los vio nacer. Llegaron a llenar tres días consecutivos la sala La Riviera de Madrid en febrero de 2001, y volviéndolo a llenar dos veces más en octubre de 2001. Llenando su aforo y dejando a mucha gente sin poder asistir porque las entradas llevaban agotadas desde hacía una semana... un repaso de sus temas clásicos, incluyendo bastantes temas del nuevo disco *Correos*... Desde el primer tema, los Platero demostraron una vez más que en cuanto a técnica con sus instrumentos son difíciles de superar, e Iñaki "Uoho" Antón volvió a dejar boquiabiertos a todos los presentes con su total dominio de las seis cuerdas... venía *Si tú te vas*, tema con el que desde hace años los de Bilbao cierran sus bolos, que fue coreado por todos los presentes hasta tal punto que se escuchaban mucho más las voces del público, que la del propio Fito... El concierto terminó, dejando a todos los presentes con una sonrisa en los labios.[20]

El último concierto de **Platero y Tú** fue el viernes 26 de octubre de 2001, en La Riviera, fueron éstos realmente muy especiales para **Platero y Tú**, *"porque sabías que después no había más... Había rumores de que nos separábamos pero la gente no lo sabía, pero el ambiente fue la hostia... cometimos un error muy común en las bandas, y es que terminas funcionando y gestionando todo como una familia, y eso, sobre todo al principio, está bien en lo musical"* reconoce Fito.

Tras los conciertos en La Riviera, en octubre de 2001, deciden dejar un poco a un lado Platero, para continuar con sus proyectos propios.

El resultado del disco fue satisfactorio para los miembros del grupo. *"Maravilla que no te puede faltar de una de las bandas más grandes de nuestra tierra"* según el comentario de Ñako Martínez. Fito nos comenta sus funciones: *"Si había que hacer la portada la hacíamos nosotros o un amigo, la contratación la llevaba el batería... Todo muy de casa. Con los años he aprendido que hay que delegar en profesionales cualificados. Al final hacíamos las cosas mal, porque se nos desbordó y hay que reconocer que éramos cuatro tíos que no estábamos preparados nada más que para subirse a un escenario. Queríamos abarcar muchas cosas, y a veces no éramos libres, ni siquiera para tocar, pues si tu turno para actuar en un festival era a las seis de la mañana, te jodías y allí tenías que ir a cantar. Y a esa hora no puedes tocar bien".*

De nuevo y rápidamente alcanza con creces el disco de oro, vendiendo más de 50.000 copias.

---

[20] Crónica de Nieves Melià.

Y finalizaron el proyecto de **Extrechinato y Tú**, tras cinco años dándole vueltas, y lo terminaron porque un día dijeron "*Esto es una vergüenza, todo el mundo sabe que estamos en esta historia, vamos a terminar de grabarlo de una puta vez*". Y finalizaron un trabajo de música Rock elaborada y melódica, mezclándose guitarras eléctricas y acústicas, un teclado y una pequeña orquesta, siempre acompañado por las incomparables voces de Fito Cabrales, Roberto Iniesta y la grave voz del poeta Manolillo Chinato. Todas las canciones giran en torno a las poesías de Manolillo Chinato[21]. El trabajo acabaría editándose en abril de 2001.

Fito reconoce que: "*es el disco más difícil que he grabado, porque a alguien se le ocurría tras escuchar un tema que tenía que ir un cuarteto de cuerdas y otra vez a empezar. Cuando haces un proyecto con tanta libertad, o te pones un límite o te vuelves loco, porque corres el riesgo de no acabarlo nunca. Éramos un montón de tíos opinando y la opinión de todos contaba, y eso suena de puta madre pero para trabajar es muy jodido*".

---

[21] http://www.manolillochinato.com/

"Yo dejé Platero y monté los Fitipaldis porque me sentía un tío diferente al que lo había empezado"
Fito Cabrales

RUPTURA PLATERO Y TÚ

Algo fallaba en **Platero y Tú**, *"al principio de Platero las decisiones se tomaban entre los cuatro, pero los últimos años no fue así..."* reconoce Juantxu Olano. Durante la grabación de *Correos* Iñaki Uoho y Fito Cabrales comienzan a tomar mucha más responsabilidad sobre este nuevo proyecto: *"Iñaki y yo nos quedábamos solos constantemente y me acuerdo decirle a Iñaki –tío, esto se ha acabado, después de esto tenemos que dejarlo-. Mal rollo no hubo porque eso nunca pasó en Platero, pero estaba claro que aquello, aunque el resultado era muy bueno y estábamos la hostia de orgullosos, no tenía nada que ver con el ambiente que teníamos cuando grabamos Muy deficiente"* recuerda el vocalista.

Durante la gira de *Correos*, Fito Cabrales les anunció sus intenciones al resto de miembros del grupo de dejar el grupo: *"el día que yo dije que después de la gira de Platero me iba, pues fue un bajón, pero era lógico, Iñaki ya lo veía, y el resto también, otra cosa es que les apeteciera... Se lo planteé como les planteas las cosas a tus colegas. Pero todos lo veíamos, ya no íbamos a los ensayos con puntualidad, cuando nunca faltábamos a uno; había un bajón de ilusión, claro"*. Los motivos de Fito eran claros, se lo había planteado profundamente desde hacía tiempo, *"simplemente necesitaba hacer otra cosa y Platero no me daba ya nada, seguir allí habría sido engañarme a mí mismo y a la gente. No sentía aquellas canciones. Aparte de todo, a lo mejor era un poco egocéntrico y estaba harto de trabajar en cooperativa, y quería hacer lo que me saliera de los cojones, y la mejor manera de hacerlo, la más honrada, era marchándome. Me fui de Platero porque no tenía opción. No puedo defender en un escenario algo que no siento, porque además a mí se me nota mucho cuando tengo la cabeza en otra historia. Esto no es una franquicia, no se puede engañar a la gente. Luego he tenido suerte que ha salido bien, pero si no, antes de volver a Platero me habría inventado otra historia o habría montado un bar. Y mira que creo que no puedo hacer otra cosa más importante en la vida que* **Platero y Tú**, *porque yo se lo debo todo, lo hice con mis colegas, mi primera banda de verdad en la que empecé siendo un crío. Joder, los he querido muchísimo, pero cuando algo se acaba, se acaba".*

Los miembros del grupo sabían desde hacía meses que esta historia tenía un fin, *"es más tuve que retrasar la publicación de un disco de* **Fito & Fitipaldis** *porque coincidía con la última gira de* **Platero y Tú**. *Reconozco que fue una jugada fea por nuestra parte, el no avisar de que grabábamos el último disco y sobre todo de que hacíamos la última gira"* reconoce el vocalista.

En 2002 se iba a hacer oficial la separación de **Platero y Tú**, y en octubre de 2001 dan sus dos últimos conciertos, dos noches consecutivas llenando la Riviera (Madrid). Cuando ya en el grupo lo sabían todos antes de que acabara la gira, y dando lugar a una serie de rumores que en el verano del 2002 desembocarían en la temida separación del grupo. *"Lo que es cierto es que tardamos en hacerlo oficial a la gente. Yo estaba harto de movidas raras y rumores y llamé a Óscar Cubillo, del Correo Español, y le dije que quería darle una entrevista y aproveché para hacerle pública la historia. Ya salió en maneras de vivir, en todos lados, y no sé por qué apareció un comunicado de Juantxu y Jesús en el que decían que ellos no sabían nada, y no era así. Yo estaba harto de escuchar gilipolleces y aunque no habíamos decidido aún como dejarlo claro, esa fue la historia".* Fito dio sus explicaciones: *"Después de la última gira de Platero y Tú,*

TODOS quedamos en que esto se paraba y no se puso fecha para volver, simplemente hasta aquí hemos llegado, qué bonito, qué feo, qué bueno o qué malo... pero cuando digo TODOS es que quiero decir TODOS. Joder, lo sabían hasta los de la discográfica!!!! Cada uno de nosotros se ha dedicado a diferentes grupos, músicas y proyectos y la puerta de Platero no está cerrada pero tampoco invita a entrar[22]". Iñaki Uoho Antón también lo anunció en el foro de la página web de **Extremoduro**: *"Aquí se ha preguntado alguna vez por Platero, y yo he contestado que no pasaba nada. Pues bueno, parece ser que Platero se acabó. Quien sienta curiosidad tiene derecho a saber cómo anda el tema y aprovecho esta página para informar a quién le interese. No hace falta buscar motivos ni motivantes, estas cosas son así, y mientras hacemos o dejamos de hacer una nota oficial, pues sirva esta pa' que nadie se coma el coco... PD: No es necesario que nadie llore, no, nada de eso, ya hemos echado nosotros lágrimas suficientes para todos. Hasta siempre".*

La banda bilbaína acababa de anunciar que no continuarían de momento, Fito estaba más centrado en los Fitipaldis y por ese motivo los fans pensaban que Fito había deshecho el grupo. Llegó un punto en el que se decidió poner un post en el foro de visitas de su página web, Fito lo tenía claro: *"Llegó un momento en que prendió fuego porque empezaron a poner mensajes en la página de Fitipaldis y se convirtió en una página para meterse conmigo y me parecía fatal. Recuerdo que llamé al manager y le dije – oye, que no puedo más, tengo que escribir algo-. Me contestó que al día siguiente haríamos algo pero me metí en la cama y estaba tan hasta los huevos que lo tuve que hacer. Ahora se han tranquilizado las cosas.*

---

[22] Revista Kerrang, septiembre de 2002

Simplemente había malentendidos y el que quedaba muy mal era yo, que quedaba como un hijo de puta porque parecía que yo había roto la banda sin previo aviso". En los mensajes acusaron a Fito de que querer sonar en radios comerciales y aparecer en otros medios. *"Eso sí que hiere menos. Eso simplemente fue un reventón. Luego que te acusen de lo que quieran pero no de que quiero pasar a los 40 Principales. Yo lo que puse fue que para mí lo más fácil del mundo hubiera sido seguir en Platero y Tú porque ya tengo todo hecho. Me parece mucho más arriesgado lo de Fitipaldis. Es todo tan al revés que me quedé flipao. La gente estaba diciendo que con los Fitipaldis iba a ser todo más fácil, te vas a forrar, cuando es todo lo contrario. La verdad es que te vas a una banda que ya tiene un nombre para hacerte otra y no vale de nada ser el cantante de Platero. Vale para algo pero poco".* Otras declaraciones interesantes de Fito Cabrales fueron estas: *"Leía algunas cosas, sobre todo en foros de internet que me ponían de muy mala hostia, porque la gente me llamaba de todo. Y si realmente hubiera disuelto el grupo por mi cuenta dejando colgados a los otros había comprendido que me llamaran hijo de puta, pero no fue así. Yo prefiero tener menos seguidores pero más normales, no me gustan los fanáticos y menos en la música. Yo he querido más a Platero que nadie, he cantado once años ahí, y me jodió más que nadie que la historia se terminara. Los ratos buenos te los has comido tú y los malos, nosotros".*

En el verano de 2002 se hacía público el anuncio de disolución definitiva, un gran disgusto para sus fans, pero desde luego hay que reconocer la nobleza del grupo... Fito ha declarado: "*Yo ya no me encontraba a gusto haciendo ciertas cosas, o me encontraba mucho más a gusto haciendo las de Los Fitipaldis. Me resultaba raro hacer ciertas canciones, algunas letras las veo un poco chiquillas. ¿Cómo voy a cantar "Romper los cristales si quieres entrar" si vivo en una montaña? Me parece ilógico. Es como si estoy cantando que voy a San Fermín; ¡pero si hace siete años que no voy! Para alguien que toca la guitarra no es lo mismo, pero yo no puedo cantar algo que no me creo. Y si no me lo creo yo, ¿cómo se lo va a creer otro? Eso es lo que me pasaba a veces y me sentía muy mal conmigo mismo*[23]".

Platero y Tú ya es historia o eso se deduce de sus declaraciones: *"Ahora mismo no hay proyecto de continuidad. Lo que pasa es que muchas veces no sé si la gente quiere oír lo que ellos quieren oír o quieren oír la verdad, porque la verdad la he dicho mil veces y me siguen preguntado lo mismo. Te empiezan a enredar y parece que estás deseando que les digas que dentro de dos años vas a hacer un disco. No sé si la gente quiere escuchar eso aunque sea mentira. Artísticamente no había nada para trabajarlo y hemos llegado hasta ahí. No sé si dentro de unos años haremos algo pero ahora no puedo decir que sí. Sé que hay gente a la que le da pena pero yo cuando se separaron* **Leño** *no me pareció que tenía que escribir a Rosendo diciéndole que era un hijo de puta. Simplemente, la música es música y yo quiero pensar en ella, no en que si tengo que estar allí o tengo que estar aquí. Yo quiero hacer música y si hasta ahora he estado en Platero pues he estado, pero en estos momentos la estoy haciendo con Fitipaldis, pues escucha lo que hago si te gusta y si no pues no lo hagas, pero no es cuestión de que si soy un hijo puta porque ya no toco en la banda que a ti te gustaba. Es un poco duro pero es que la realidad es dura".* De consuelo sirve que **Fito & Fitipaldis** se va consolidando como proyecto. El álbum *Los sueños locos* ya ha alcanzado los 50.000 discos vendidos, lo cual le otorga el disco de Oro. Ha tardado pero ha merecido la pena. *"Estoy contento, pero si no los hubiéramos*

---

[23] Revista Efe Eme, nº 44, diciembre 2002

vendido pues también. A lo mejor lo estaría menos pero creo que realmente estás contento cuando haces lo que sientes que tienes que hacer. Cuando llegas a una situación en la que notas que una banda se está acabando creo que es mejor decir que hasta aquí hemos llegado y no mantener la banda porque sería lo fácil". Clara muestra de honestidad por parte del vocalista/guitarrista. "*En vez de parecerles más honesto les parece que me quiero ir a los 40 Principales y burradas de esas. Yo solamente pienso en canciones y en música, y nada más*".

En definitiva, los miembros del grupo, en especial Fito Cabrales, habían evolucionado, cosas de la edad, y ahora se encontraban en un momento muy distinto de lo que les impulso a crear **Platero y Tú**. Antes que traicionar la idea del grupo, a sus fans, y eso sí, seguir exprimiendo un grupo económicamente rentable, han decidido disolverse y dedicarse a otros proyectos.

En el genial libro de Darío Vico[24] (2005), le pregunta a Fito Cabrales "*¿te ves reformando el nuevo Platero, trabajando de nuevo en igualdad de condiciones con Iñaki y los demás?*", y Fito le contesta: "*No. Me costaría mucho tener que convencerles de determinadas cosas. Era muy divertido, como una comuna, pero ahora no me pasaría una tarde entera discutiendo cómo debe ser una portada o qué canciones van o se quedan fuera del disco, lo decido yo y punto*". Demostrando que es muy poco probable que se vuelvan a juntar, la historia dirá.

---

[24] CULTURA DE BAR: CONVERSACIONES CON FITO CABRALES, Iberautor Promociones Culturales, 2005

Tú y yo somos dos, y sabes que te quiero
Pero dos y dos son cuatro, y cuatro los Platero.
Canción *Cigarrito* (**Platero y Tú**)

TRAS PLATERO

Tras la ruptura de **Platero y Tú**, la relación de Fito Cabrales con el resto del grupo: *"Mi relación con los Platero es desigual. Con Jesús, por ejemplo no tengo relación, cambió de casa y no sé donde vive ahora. A Juantxu hace tiempo que no le veo, pero nos llamamos por teléfono bastante. Y con Iñaki también nos vemos poco, aunque vive cerca de Guernica"*. Fito ha continuado con su proyecto de **Fito & Fitipaldis**, en el cual ha tenido un éxito tremendo y abrumador en discos, giras y críticas. Con numerosos discos: *Los sueños locos* (DRO, 2001), *Lo más lejos a tu lado* (DRO, 2003), *Vivo... para contarlo* (Warner Music, 2004), *Por la boca vive el pez* (Warner Music, 2006), *2 son multitud* (Warner, 2008) y *Antes de que cuente diez* (Warner, 2009). Obteniendo tres discos de platino, un disco de doble platino y un triple platino, y un disco de diamante, en reconocimiento al millón de discos vendidos.

Iñaki 'Uoho'Antón se centra mucho más como guitarrista, arreglista y productor en **Extremoduro**. Se convierte en la mano derecha de Roberto Iniesta, y los éxitos que consiguen son palpables en cada disco, concierto y crítica. Los discos que han sacado tras la ruptura: *Yo, minoría absoluta* (DRO, 2002), *Grandes éxitos y fracasos* (DRO, 2004), *La Ley Innata* (Warner Music, 2008) y *Material defectuoso* (Warner Music, 2011), obteniendo dos discos de platino y un disco de doble platino.

Con la ruptura de **Platero y Tú**, Juantxu Olano perdió su *"trabajo... (risas) A la puta calle!!! Ni paro ni hostias, a buscarse la vida desde cero!!! Más que perder cambié mi punto de vista sobre ciertos valores"*.

En 2006 Iñaki Antón tras anunciar un parón en **Extremoduro** de un año, lleva a cabo un proyecto paralelo y saca al mercado un disco con el nuevo grupo creado **La inconsciencia del Uoho**[25] que lleva el mismo título del grupo, junto a Miguel y Cantera, bajo y batería de **Extremoduro**, y el vocalista de **Memoria de pez**, Jon Calvo. En 2007 crea junto a Roberto Iniesta el sello independiente Munix. Como productor, además de grabar todos los discos que ha grabado como músico, ha trabajado para bandas de la talla de **Fito & Fitipaldis, Marea, Despistaos, La Gripe**... Gran parte de estos discos han sido grabados en La casa de Iñaki, un estudio de grabación de su propiedad, construido en un viejo caserío.

    Juantxu Olano y Jesús García crearon **La Gripe** en 2002, tras la disolución de **Platero y Tú**, junto a Txema Olabarri, excomponente de **Sedientos**, y Gatxet, excomponente de **Zer Bizio?**, más tarde se incorporaría Aitor Larizgoitia, tras la salida de Gatxet por motivos personales. Es un grupo de Rock&Roll vasco con fórmula clásica, cruda y con un directo potente. No tienen un éxito abrumador, pero andan de concierto en concierto, de garito en garito. Tienen dos discos en el mercado: *Empapado en sudor* (DRO, 2004) y *Animal* (DRO, 2007). De vez en cuando, se juntan en un escenario Juantxu e Iñaki y se tocan alguna canción de Platero, dejándonos con la miel en los labios a los asistentes.

    En septiembre de 2000 aparece la noticia en la revista Kerrang[26], en la que Uoho anuncia la disolución de **Platero y Tú**, e informa que *"haremos un recopilatorio intentando mejorar el sonido de los temas viejos pero manteniendo todas las tomas originales posibles"*. Fito ha reconocido en una entrevista que: *"hay una cosita que no me gustaría morirme sin*

---

[25] http://www.inconscientes.es/
[26] Revista Kerrang, número 106, septiembre de 2002.

hacerlo, que es grabar ciertas canciones de Platero que las veo de otra forma, y me gustaría darles otra lectura, pero poco a poco, meter una por disco en vez de la versión que suelo dar en cada disco. Pero no meter todas en un solo disco, al menos sin cambiarlas totalmente. Si no sería muy aburrido".

El 18 de noviembre de 2002, apareció en el mercado un recopilatorio con los mejores temas de Platero, *Hay mucho Rock 'n' Roll Volumen I*, editado con un deuvedé con todos los videoclips que ha grabado la banda en sus años de existencia. *"En las viejas, nos hemos quitado espinitas que teníamos con temas que no quedaron como nos hubiera gustado y otros que sólo estaban en la maqueta y en el primer disco, que no grabamos en condiciones. Los primeros discos no tienen el sonido que hubiéramos deseado, porque había que hacerlos rápido, no sabíamos lo que sabemos ahora, ni teníamos los mismos medios. Hemos intentado no cambiar nada en arreglos ni estructura. Queríamos que fuesen las mismas, pero bien tocadas, bien grabadas y bien mezcladas"* comenta Iñaki Antón. Se regrabaron las canciones *Voy a acabar borracho* y *Ramón*, dándole un sonido que, como ellos mismos explican, hubiera sido imposible dar en la época.

El 5 de diciembre de 2005 aparece la segunda parte de estos recopilatorios, *Hay mucho Rock 'n' Roll Volumen II*, poniendo el broche final a una carrera brillante, con otro deuvedé que incluye la grabación del directo de 1997 de la Sala Canciller en Madrid. Algunos temas están totalmente regrabados y los demás remasterizados, para darles el sonido que se merecen. Se regrabaron los temas como: *Tiemblan los corazones, Ya no existe la vida* o *¿Cómo has perdido tú?*, y así hasta siete temas.

Más tarde saldría al mercado un cofre que cobija dos cedés que recuperan 35 temas remasterizados, retocados o directamente regrabados de

Platero y Tú; y dos deuvedés con nueve videoclips y una actuación filmada en 1997, donde Iñaki 'Uoho' Antón canta inéditamente en *No hierve tu sangre*. Iñaki Antón junto a Fito Cabrales, han coordinado y producido de casi todas las canciones del cuarteto bilbaíno, este resumen de 12 años entregados al Rock&Roll y al Rock de sustrato urbano, pero bien melódico.

Han colaborado en estos dos volúmenes Rosendo en *Sin solución*, Roberto Iniesta *Por mí*, voz en *Juliette*, y coros en *No hierve tu sangre*, José Alberto Bátiz con su guitarra slide en *Cigarrito*, Evaristo Páramos en *Juliette*, Alert Erkoreka con el piano en *Sin Solución*, Ángel Muñoz 'Reverendo' con el órgano Hammond en *Bobo* y *Cantalojas*, Gino Pavone en percusiones, el grupo **Arma Joven** en los coros de *Mari Madalenas* y *Rompe los cristales*, Manrique Cabrales y 'Gari' en los coros de *Al cantar*, y Alex Sardui, 'Txaparro' y 'Esti' en los coros en *Imanol*.

El lanzamiento de estos recopilatorios tiene una anécdota para coleccionistas, ya que salió con una errata, lleva supuestamente por título *Hay mucho Rock'n'roll*, pero en la primera impresión salió como *Hay poco Rock'n'roll*, el mismo nombre que en su disco de 1994. Al percatarse la discográfica del errar retiró todas las copias poniendo en circulación la correcta. Creando sin darse cuenta una edición inédita para coleccionistas de la banda.

Actualmente existen dos grupos que realizan actuaciones como tributo a **Platero y Tú**, son los granadinos **A pelo y Tú** y los madrileños **Los Platero**:

A PELO Y TÚ

Tras la ausencia de una de las bandas con más trascendencia en la historia del Rock and Roll nacional, surge el grupo granadino **A pelo y Tú**[27]. Se formó a finales de 2007, dando su primer concierto en la sala Palo Palo de Marinaleda (Sevilla) el 21 de diciembre. En el 2010 han realizado su segunda gira, repasando los mejor de la discografía de **Platero y Tú**, y reproduciendo cuidadosamente su directo *A pelo*. Han llegado a tocar en el Viñarock 2011. Actualmente están preparando otro proyecto musical, pero cambiando el nombre del grupo por **A media tea**[28], y cambiando en la batería a Adrián Bermejo por Juantxu Guerrero.

Los miembros de **A pelo y Tú** son:
Alfonso Borrego: Guitarra y voz
Elías Serrano: Guitarra y coros
Miguel Sánchez: Bajo
Juantxu Guerrero: Batería y coros

LOS PLATERO

Los Platero[29] es un tributo a una de las bandas más emblemáticas del Rock Urbano castellano de todos los tiempos, **Platero y Tú**. La idea del grupo madrileño es disfrutar tocando los temas de **Platero y Tú**, que han disfrutado en su juventud. Debutan oficialmente el 23 de Febrero de 2008 en la Sala Siroco de Madrid, llegando a tocar en el Viñarock 2010, Villarrobledo.

Los miembros de **Los Platero** son:
Sergiales: Voz

---

[27] www.myspace.com/apeloytutributo
[28] http://www.amediatea.com
[29] www.myspace.com/losplaterotributo

"Hatxazo" Sergio: Guitarra
Óscar Rama: Guitarra y coros
Jorge Galaso: Bajo y coros
"Trujo" Carlos Toja: Batería

> *"Si te pones a pintar una pared, la pintas con un bolígrafo*
> *si hace falta, pero hasta que no has acabado no paras"*
> Fito Cabrales

FITO CABRALES

Adolfo Cabrales Mato nace en Bilbao un 6 de octubre de 1966, Cabrales de ascendencia asturiana por parte paterna y Mato de raíz gallega por parte materna. Se le conoce comúnmente como 'Fito', con unas señas de identidad muy características: extremadamente delgado y pequeño, suele llevar el pelo totalmente rapado y unas patillas largas, sus inseparables cigarrillos sujetos en el clavijero de su guitarra y sus gorras, sin duda destaca por su peculiar estilo personal. Le gusta la música sencilla, de una estructura que cambie poco. Le siguen impresionando grupos como **La Cabra Mecánica, Jorge Drexler, Leño, Rosendo**, etc.

Sus primeros años...

Fito nació en el barrio bilbaíno de Zabala, concretamente en el número 3 de esta calle. *"Era un barrio normal, pero ahora ya no lo es. Nos íbamos a jugar abajo, a la plaza Fleming, que la llamábamos la plaza de la penicilina. Nuestra vida allí fue muy normal, del colegio al barrio y del barrio al colegio, era muy pequeño y dependiente de mi madre"* comenta el vocalista. Iba al colegio El Corazón de María, situado en la calle San Francisco. En el colegio de aquella época se cantaba en euskera, en tiempo de Franco. Fito recuerda: *"Debería ser un colegio progre, porque además no teníamos libros, tan sólo usábamos fichas, como las que usan ahora mis dos hijos"*.

Fito tiene un hermano mayor, Manrique, con el que pese a ser un año mayor que Fito, le retrasaron sus padres un año la entrada en el colegio para que fueran juntos, y así lo hicieron hasta los 16 años.

Su padre era el propietario del club más popular de todo Bilbao: Palanca 34, Fito: "*Era un garito de chicas, te estoy hablando de hace la hostia... La gente iba vestida de domingo, a ver las chavalas, bailar con ellas con música de orquesta... No tenía nada que ver con lo que son ahora los puticlubs, que son algo mucho más sórdido... Era como una sala de fiestas con chicas de buen vivir, y sobre todo muy buen rollo. Cualquiera que quería pasárselo bien en Bilbao, iba a la Palanca. Podías ir a ver titis o simplemente a tomar un café y ver la movida*". Todas las noches tocaba una orquesta en directo versiones de los éxitos del momento. Fito lo tenía claro: "*Yo siempre había querido ser camarero, mis padres han tenido bares y yo estudiaba por estudiar, esperando a la mayoría de edad para currar en un bar*".

La madre de Fito, una gallega muy guapa, fue una excelente ama de casa, la que realmente estuvo al cuidado de los hermanos Cabrales. Antes de eso fue artista, había tocado el acordeón, cantado y bailado.

Su infancia y adolescencia...

Pasa parte de su infancia y adolescencia en Laredo (Cantabria), en una zona turística en el Mar Cantábrico, y más tarde en Málaga. Laredo es comparable a Benidorm pero en el norte, pasaron de vivir en una ciudad como Bilbao, a hacerlo en un pueblo con zona turística, la zona más alejada del centro histórico y urbano. "*A Laredo llegué a los diez años y me crié allí. Y me convertí en un desastre de estudiante allí, cuando descubrí las chicas y las motos. Lo que si me molaba de crío era dibujar, me pasaba el día dibujando y haciendo chistes, un amigo hacía una revista y yo colaboraba. La música siempre me ha gustado, porque me venía de familia, mi madre estaba todo el día en casa con el acordeón y cantando, y mi tío Fito tenía una banda en Vitoria, una banda yeyé que tocaba canciones de los Beatles... Pero a mí me gustaba dibujar, y se me daba más o menos bien*" comenta Fito Cabrales.

La relación con su hermano siempre ha sido buena, han sido inseparables. Han compartido la educación escolar, la cuadrilla, las noches de fiesta... Fito y su hermano se volvieron un poco "salvajes" en Laredo, se hicieron más callejeros, jugaban con una escopeta, con motos, tirando piedras, etc. Fito lo recuerda así: *"Me hace gracia recordar que jugábamos al fútbol en la carretera principal del pueblo, por donde apenas había tráfico entonces. Cuando pasaba un coche le tirábamos piedras, pues nos interrumpía el partido"*. Se pasaban todo el día en la calle y escuchando música en su radiocasete. Fito: *"Recuerdo que mi hermano y yo teníamos el pelo como cavernícolas, no largo del todo, pero si encima de la cara. Incluso alguna vez nos llegó a parar la policía secreta o la guardia civil, porque teníamos una pinta de robar coches..."*

Fito: *"Yo, de chaval, mis discos favoritos los destrozaba de tanto ponerlos. No los escuchaba diez o quince veces y decía – quiero otro-"*.

Fito, pese a que no lo parezca, era bastante deportista en aquella época: *"Me gustaba jugar al fútbol, era delantero pero no muy bueno. Como era pequeñajo, pues un lagartija. Estaba todo el día dando botes con el balón. Pero cuando empecé a fumar, a ir a bares, detrás de las chicas... Y claro, el día que cogí la primera borrachera, que debía ser aún un chaval, no volví a tocar un balón... Me molaba salir, a las fiestas de los pueblos, currar en cualquier cosa para conseguir algo de dinero... Ahí empiezas a oír Rock&Roll y ya se te va la afición a cualquier otra cosa"*.

Sus padres montaron un negocio de pastelería-pub, se llamaba Neskita Pub, que significa Niña Bonita. Su padre pasaba la mitad de la semana en Laredo y la otra en Bilbao, trabajando en la Palanca. Este hecho debió afectar a la relación de pareja, divorciándose cuando Fito tan solo tenía 14 años.

A los 16 años ya trabajaba en el bar-pub de su familia, el Palmanova, allí conoció a Toñi, un camarero que tenía unos 15 años más que Fito, un hippy que le gustaba mucho la música, le dejó muchos discos a Fito aportándole mucha cultura musical de los sesenta. También es Rockabilly, Rock de los cincuenta y Rock de los ochenta.

Su primera guitarra...

A Fito le habían regalado los Reyes Magos algún órgano pequeño. A Fito no le gustaban las guitarras, las relacionaba con las excursiones de las monjas. Hasta que escuchó a **Jimy Hendrix** y **Rolly Gallagher**, se preguntaba Fito: "*¿Qué hace este ruido tan alucinante? Y descubrí lo que significaba la guitarra eléctrica*".

La culpa de que a Fito le gustara el Rock fue culpa de Txus, el hermano de éste escuchaba mucha música, un come discos, y ellos se ponían en su habitación a escuchar música de Woodstock, **the Kinks, Gallagher, Alvin Lee**, etc. Recuerda Fito que "*un día fuimos a un mercadillo y nos compramos una cinta que era por una cara B.B. King y por la otra John Lee Hooker. Y vuelta y vuelta, vuelta y vuelta, durante semanas... Y ahí me deja de interesar todo menos la música... y las chicas, pero como las chicas no me hacían caso... A partir de ahí todo lo que me ha rodeado ha tenido que ver con el Rock*".

El día que apareció Txus con la cinta del primer disco de **Barón Rojo**, alucinaron con ese sonido increíble, nadie había sonado así en España aún. Es uno de los discos más importantes de la historia del Rock en España, junto al de Rock and Ríos de **Miguel Ríos**, según Fito.

A los 16 años se compra su primera guitarra, "*era una acústica y me la vendió un yonqui más barata que la hostia, unos mil duros. Me* *acuerdo que me puse malo el día que íbamos a hacer el trapi y me la tuvo que ir a buscar mi amigo Txus (**Flying Rebollos**) que es quien me enseñó a tocar. Yo estaba malo, en casa, y de pronto llaman a la puerta y era Txus, con la guitarra aquella, y era una mierda pero como si me hubiera traído una Stratocaster. Yo ya había tenido alguna española, pero esa era la primera con cuerdas de acero, el mástil más estrecho, haces 'twang' y está duro, suena de otra manera*" recuerda con nostalgia Fito.

Txus le mostraba las posiciones, lo más simple, y cuando no estaba se pasaba el día entero en la cocina tratando de sacar notas, punteos, canciones, etc. Fito es muy obsesivo y si hacía falta tocaba durante más de diez horas la guitarra, tratando que sonara parecido a lo que escuchaba. Por aquella época retransmitían el Musical Express de Ángel Casas en TVE, Fito se obsesionaba a ver si podía pillar algo de los grupos que tocaban durante las actuaciones en directo. Se pasó todo el verano de los 16 años encerrado en casa tocando la guitarra, su obsesión eran tres acordes y alguna canción de **Cat Stevens**. Se pasaba unas 9 horas practicando para que le salieran bien, buscaba la perfección.

Leño...

Fito empezó imitando las letras de Rosendo: "*el también tocaba de puta madre, y encima me llegaba más – Dónde vas a ir si no sabes... cuando dejes este mundo...-. Joder, aquello me tocaba, me parecía acojonante. Y yo, en mis letras, tratando de imitar a Rosendo, a intentar imitar, más bien. En aquella historia de contar cosas, de una manera directa, pero con una lectura detrás*".

Escuchar a Leño le cambió, pasó de escuchar mucha música en inglés, sin importarle lo que decían a escuchar a Rosendo, contando historias y dándose cuenta de que aquello también era importante, que él también quería hacer sus canciones, y por supuesto tener una banda para cantar sus canciones, y no las de otros.

Empezó a tocar simplemente por el placer de tocar, no pensando que le depararía el futuro, ni en grabar ni vender discos. *"Entonces te metías con unos colegas en un garaje sólo por divertirte, por ver qué se sentía, y hasta que no pasaba mucho tiempo ni se te ocurría que realmente podías tocar para otra gente. Cuando ya veías con fuerzas le decías a un amigo que tenía un bar que te dejara tocar, y aquello ya era la leche... Pero ni soñabas con cobrar un duro jamás".*

Su primer grupo...

"Ensayábamos todo el día, incluso en el garaje, mi hermano, nuestro amigo Alfonso Paradelo (que cantaba mejor que yo, un bajista de Colindres, Chero, y yo; Después se unió Oli, de Laredo. Podíamos hacer todo el ruido que quisiéramos. Mi hermano Manrique tocaba una batería muy cutre que hicimos con bandejas de bar de mi madre y con un bombo que nos compramos. Nos pusimos un nombre, **Urbe***, y fue mi primera experiencia de tocar en una banda"* recuerda Fito.

La primera vez que tocaron fue en unas fiestas de un pueblo, allí llegó a ver por primera vez un afinador. Fito cree que fue un desastre, pero fue la primera vez, y desde entonces no pararon de tocar, sus canciones y las de **Leño**, **Burning**, etc. Llegaban a los bares y preguntaban si podían tocar, montaban los instrumentos en un momento, así funcionaba aquello a finales de los setenta y principios de los ochenta.

A los 17 años, adquiriría en Bilbao su primera guitarra eléctrica por 30.000 pesetas, él lo que quería era tocar una guitarra de verdad, se sabía seis acordes y le parecía que iba embalado, llegando a vender su moto para adquirirla. *"Era una Strato de* **Rory Gallagher***... Porque se la has* *visto al guitarrista que te gusta... Aunque ya te digo que de esta nunca me he desprendido".*

La mili a los 18 años...

A los dieciocho años se marcha a la mili, era una etapa de rebeldía juvenil, simplemente deseaba que le dejaran en paz. Lo destinaron a León, dónde amenizó sus tardes tocando la guitarra con un cabo primero, eso hizo más llevadera la estancia. Más tarde iría a Valladolid destinado, trabajando como camarero para los oficiales.

"En aquella época si a alguien le gustaba el Rock&Roll siempre acababa por encontrar a los cuatro chalados que les iba el rollo. Eso me ha pasado toda la vida, pero allí había gente, uno de Bilbao, un canario, uno de Vallecas, que estábamos todo el día escuchando a Leño, tocando la guitarra. Y cuando salíamos a los bares de Rock, es que te marca la vida, esto del Rock".

Un día recibe una visita de su madre, ésta le dijo que lo dejaba todo y que se marchaba de Laredo. Se iban ella y Manrique a Benalmádena, Málaga, a montar un negocio. *"Me sorprendió la decisión tan tajante de mi madre, pero siempre he respetado todo lo que ella ha dicho o ha hecho"* reconoce Fito.

Tras la mili no sabía si ir a vivir a Bilbao con su padre o a Málaga con su madre, así que toma la decisión final de irse a Vallecas. Allí visitó el bar El Hebe, estuvo como dos semanas sin salir de ese bar. Nunca hizo planes de quedarse, simplemente quería pasar una temporada en Madrid y conocer en persona todo lo que había escuchado en las canciones de Leño.

Málaga...

Tras esta corta estancia decide mudarse con su madre a Benalmádena, moviéndose principalmente con su hermano Manrique, y pasándose mucho tiempo buscando gente que tocara, bares que pincharan Rock.

La madre de Fito había montado un bar, llamado también Palmanova. Los dos hermanos estuvieron trabajando allí, lo que más gustaba a Fito era que hubiera música en directo.

La madre de Fito era una gallega súper guapa, se llama Carmina. *"Ella cantaba y tocaba el acordeón, era artista. Cuando tuvo niños lo dejó, porque ser artista era casi como ser puta y mi madre era muy seria para eso. Ella era muy alegre, siempre ha sido una chica de quince años, siempre de fiesta, siempre le ha gustado el mambo, la fiesta. Y muy currante, tanto ayudando a mi padre como montando cosas por su cuenta, aunque algunas le salieron fatal, porque mi madre vale para muchas cosas menos para los negocios, es muy pendeja. Tampoco se ha vuelto a casar, por cierto"*.

Para Fito esta etapa significó un shock: se escuchaba música en las calles, en los bares, en todos lados, etc. Y de lo que mejor recuerda guarda es del sol y de la luz. No llega a despegar definitivamente el negocio de la madre, y deciden mudarse a Torremolinos. Fito no llegaba a encontrar un trabajo que le llenase, *"muchas de las entrevistas me iba antes incluso de hacerlas, no me gustaban los garitos que había allí, muy de guiris"*.

Un día recibe una llamada de su padre ofreciéndole un trabajo para el verano en la Palanca 34, y Fito decide volver a Bilbao. Fito jamás pensó *"que la vuelta a la ciudad donde había nacido me traería tantas cosas buenas, y un renacer de mí como músico"*.

Vuelta a Bilbao a los 21 años...

Fito empieza a compartir piso con su padre, y comienza a tener una relación mejor con él. Su padre estaba jubilado y Fito acostumbrado a hacer lo que quería. En principio fue un choque para los dos, pero una vez se acoplaron y la convivencia entre los dos fue estupenda. Fito: *"Recuerdo que me pagaban 90.000 pelas por currar en agosto. Y dije –joder, con eso me compro un ampli bueno, y luego ya veremos lo que hago-"*. Fito iba vestido a trabajar siempre con traje y corbata, y realmente llegaba todos los días feliz a trabajar. *"Fue una etapa muy buena de mi vida, además empecé por un mes y terminé quedándome como camarero fijo más de dos años"* nos cuenta Fito. Una noche un cliente llegó a sacar un puñal para amenazar, y la cosa no fue a más, pero Fito se planteó que qué hacía trabajando en la Palanca 34. Platero y Tú ya le consumía mucho tiempo y decidió dedicarse por completo a la música y su grupo.

Fito: *"tras dejar la Palanca y después del primer contrato con DRO ya me había 'independizado' de mi padre, aunque me alquilé un piso en la misma calle"*. Estuvo viviendo con su padre, hasta que conoció a Raquel y se fue a vivir con ella. Era la época de la movida, y Fito no estaba interesado en nada de aquello. A él le gustaba **La Polla Records** y **Cicatriz**, y luego llegó **Barón Rojo** con *Larga vida al Rock&Roll*, *"aquello sonaba que te morías, un grupo español...Y luego detrás vinieron otros. Oía tocar a **Rosendo** la guitarra y decía – este tío es de aquí y es tan bueno como **Rory Gallagher**"*, reconoce Fito.

Mostrar sus sentimientos...

Fito sabe que mostrar sus sentimientos es lo más duro para él: *"A mí antes me costaba mucho, pero a raíz de conocer a Robe Iniesta y ver cómo él contaba las cosas... Ahí el tío marcó un estilo, decía cosas por la cara sin ser pastelero. Y eran sus canciones más duras, porque para hablar de algo que te duela no tienes que ir de telenovela sudamericana"*.

Gorra...

"*Mi padre es un pintas, siempre con traje y con gorra inglesa, que es algo que le copié a él, yo estas gorras se las empecé robando de pequeñajo*" reconoce Fito.

Mujer...

"*Con su mujer ha estado prácticamente desde que llegó a Bilbao. Ella no era una fan de Platero, era amiga de Juantxu. La conocí, nos liamos y...*" comenta Fito. Muchas canciones compuestas por Fito hablan de ella: "*desde 'Maldita mujer' a 'Mari Madalenas', casi todas tienen que ver con ella, pero no todo lo he escrito sobre las chicas se refiere exclusivamente a ella. Claro que ha sido una influencia en mi vida, han sido muchos años juntos y hemos tenido dos hijos. Aunque desde hace unos años se han mantenido un poco al margen de mi vida como músico, la relación se ha quedado un poco fuera de eso*".

Drogas...

"*En los inicios de Platero éramos unos putos borrachos. Y bebíamos pacharán, recuerdo que era borrachera tras borrachera. Tocábamos un concierto y acabábamos a las tantas, pedos. Al día siguiente una resaca de la hostia y a tomar manzanilla con ginebra, y cuando se pasaba el dolor de cabeza, pacharán, y así día tras día. Un bocata de lomo con queso de vez en cuando y listo. Los tiros me los empecé a meter después. Hace años, ya ni me acuerdo, cuando empezamos a dar vueltas como locos con Platero, a girar fuera de Euskadi...*" recuerda Fito Cabrales. Y también fueron muy duros los momentos de la separación con Raquel: "*Yo estaba obsesionado con mi disco. 'Lo más lejos a tu lado' **(Fito&Fitipaldis**), y empecé a pasarme de speed... Simplemente, como mucha gente de mi edad, hicimos excesos... Es el cúmulo de muchas cosas, de que tu vida personal se va al garete, de que no tienes capacidad de* *reacción porque estás out... todo esto y más te hace irte a la mierda... Fui yo mismo el que me dije –Hasta aquí he llegado-. Una noche me tomé un tranquilizante, dormí y al día siguiente empecé a buscar una clínica de desintoxicación*". Le acompañaron en muchos de esos momentos Polako, su hermano Manrique, Iñaki, Robe. Estuve tres semanas interno, tras esto acabó de romper con Raquel y fue acogido en casa de Iñaki, que le trataron como un hijo. "*Nunca se lo podré agradecer lo suficiente a Iñaki*" dice Fito.

Años más tarde, el vocalista nunca ocultó: "*que estuve en una clínica porque habría sido engañar a la gente; si me preguntan esa es la verdad. Pero se empezó a correr la voz de que me había intentado suicidar porque me partí los dedos con una ventana, llegué a la clínica vendado, me metieron al pabellón de los locos, y me dije que eso no podía quedar así, que tenía que dejar claro lo que había pasado. Simplemente me metí porque me quería quitar de todo, era necesario, pero nunca me intenté suicidar ni nada parecido. Había mucha gente a mi alrededor que flipaba escuchando esas cosas y quería dejarlo claro*".

Fito Cabrales no sale para dar ejemplo: "*y esas chorradas, no me arrepiento de nada. Mi posición sobre las drogas es que son muy buenas, lo que pasa es que yo he tomado demasiadas, y he cubierto el cupo, pero no me cambia la cabeza. Pero si yo salgo por ahí y veo a un tipo que se mete dos tiros y medio litro de whisky, de fiesta, pues si se lo está pasando bien me parece de puta madre. No creo que haga nada malo, otra cosa es cuando se te va la olla y se convierte en un problema, pero no voy a cambiar mi manera de pensar; si ahora mismo no tomo nada no es porque haya cambiado lo que pensaba sobre las drogas y el alcohol, sino porque creo que no debo tomarlos*". La posición de Fito sobre las drogas: "*me han puesto más multas que la hostia, pero no he ido a la cárcel. Y a mí que alguien tenga marrón por consumir drogas me parece la hostia, una falta de libertad acojonante, cada uno debería meterse lo que quisiera. Pero si quieres que te diga la verdad, casi me mola más que estén prohibidas, que al estado no le mole nada, no sé, me da más morbo. Aunque sé que esto mueve mucho dinero y detrás está gente de mucho poder, aunque luego paguen cuatro pringaos y no quienes mueven los hilos".*

En muchas de las canciones de **Platero y Tú** y **Fito & los Fitipaldis**, Fito Cabrales nos desvela muchas historias reales de su vida. En la versión en directo del tema *Un ABC sin letras* que aparece en el disco *A pelo* de **Platero y Tú**, Fito comenta que *"curraba en La Palanca y ahora soplo en Barrencalle"* (una de las Siete Calles del Casco Viejo bilbaíno). Estas no son las únicas referencias en la obra de Fito a esta zona de la capital Vizcaína: en el disco de **Platero y Tú**, *Muy deficiente* hay una canción ambientada en el cercano puente de Cantalojas en la que alude a una «chica de las Cortes» (es decir, una prostituta). En esta época comienza también sus problemas con las drogas; aunque en la actualidad asegura «estar limpio» durante años abusó del «speed». Varias canciones suyas, por ejemplo *Marabao*, hablan de esta droga. En Corazón oxidado, de **Fito & Fitipaldis**, dice «mi pobre corazón, que está enganchado al speed»; sin embargo, en la versión del disco en directo de 2004 *Vivo... para contarlo*, deja la frase a medias, alejándose del micro.

Piratería...

Y Fito también nos da su opinión sobre la piratería: *"creo que están un poco equivocados, porque es evidente que algo está cambiando y es inevitable. Es un problema cultural que no se puede controlar policialmente. A mí sí me quitan la china no me quito de los porros, no van a solucionar nada metiendo en la cárcel a cuatro manteros y a cuatro chavales que se lo bajan de internet. Y aparte hay una cosa clara, se venden menos discos, pero el interés por la música es mayor que nunca, y los conciertos se llenan. Las discográficas han estado sobradas durante años, ha sido un negocio de la hostia pero las cosas están cambiando, es como pasó con los astilleros, no hay vuelta atrás. A los que se les ocurrió cambiar de vinilo a cedé, que se pueden copiar en cualquier ordenador, fue a ellos, yo no les voy a dar la solución. Hay discográficas que ahora quieren controlar la contratación, es como pedir algo que nunca han dado. Pero lo que tengo claro es que si una empresa va mal la pringa el obrero, las corporaciones ya se buscarán la vida. Ellos te venden los aparatos con los que vas a piratearles y se queja de que lo hagas, es de gilipollas ¿no?".*

Algunas de las frases que nos deja Fito Cabrales en sus entrevistas, son simplemente geniales: "*Dios no me ha dado un cuerpo de sex symbol y me tuve que buscar una tía para colgármela del cuello, mi guitarra*". "*El Rock no es sólo una cosa de los cuatro músicos que salen en las revistas y venden discos, es de todos esos tíos y tías que hacen sus temitas, que nunca va escuchar nadie más que ellos. Yo siempre pensé que sería uno más de ellos*". "*En el Rock ya es muy difícil inventar algo, es imposible, todo está tocado hace muchos años*". "*El Rock&Roll, aparte de música, es mucho más, fundamentalmente una manera de entender la vida*". "*Al estar en una banda es como una cuadrilla, en la que todos los miembros remangan cuando hay que currar*". "*La verdad es que ahora que lo pienso no me acuerdo de muchas cosas, tengo unas lagunas de la hostia, seguramente porque estábamos todo el día empacharanaos*".

En la actualidad reside en la localidad Vizcaína de Guernica, junto a su novia.

"El día que se conocieron Robe e Iñaki, a todos los presentes les quedó claro que eran dos tíos complementarios"
Fito Cabrales

IÑAKI 'UOHO' ANTON

Vivió en su juventud en el barrio de Zabala (Bilbao, 1964), donde conoció a los que serían sus compañeros en la banda **Platero y Tú**, por el que saltaría a la fama. Fue el guitarrista y compositor, junto a Fito Cabrales, del grupo **Platero y Tú** durante toda la existencia del grupo. Iñaki Antón conoce muy bien a Fito Cabrales: *"me conoce muy bien y sabe manejarme, y además es un tío con el que puedo discutir sin partirme la cabeza, es un rollo muy sano aunque hemos tenido muchas peloteras. Los dos remamos para el mismo lado. Puedo compartir o no su opinión, pero sé que si él dice algo es porque cree que es bueno"*.

En un concierto en Villadiego (Burgos) en 1991, coincidieron por primera vez **Platero y Tú** y **Extremoduro**, ya se veía la conexión existente, entre Iñaki "Uoho" Antón y Robe, que son gente de esa que ha nacido el uno para el otro, que se complementan aunque sean muy diferentes". *"El día que se conocieron Robe e Iñaki, a todos los presentes les quedó claro que eran dos tíos complementarios. Han hecho ahí un tándem de puta madre, no me los imagino por separado ahora. Funcionan muy bien como grupo y como colegas"* reconoce Fito cabrales.

Además, desde 1996 empezaría a participar con el grupo **Extremoduro**, grupo en el que gradualmente ha ido integrándose a medida que **Platero y Tú** iba poco a poco desapareciendo, culminó la ruptura en 2001. *"En Extremoduro actual, le interesa más la parte arreglista y productor, y estando con una persona como Roberto no te vas a poner a hacer canciones... La gente de **Extremoduro** quiere oír las canciones de*

Robe... él compone con la guitarra y necesita alguien que le dé forma, que le busque un cuerpo, un sonido a sus canciones" opina Fito Cabrales. Ese mismo año, Fito, Robe y Uoho graban *Poesía básica*, único álbum del proyecto **Extrechinato y Tú**, destinado a ensalzar y promocionar la figura de Manolo Chinato, poeta amigo de Robe que ya había colaborado con **Extremoduro**, y cuyos versos componen la práctica totalidad de las letras del disco, recitados en su mayoría por el propio Chinato. En 2006, y ante el parón compositivo de **Extremoduro**, Uoho inicia el grupo **La Inconsciencia de Uoho** junto a los otros dos miembros de la banda, Miguel Colino al bajo y José Ignacio Cantera a la batería, a los que se une Jon Calvo, vocalista y guitarrista de **Memoria de Pez**, uno de los grupos de la plantilla de Muxik.

Aparte de la guitarra, toca también el trombón (en el último corte del primer álbum de **Fito & Fitipaldis**, llamado *El funeral* o en la canción *Little Joe*, de **Afónicos Perdidos**, el piano en el tema *Al cantar* de **Platero y Tú**, Uoho siempre tocaba este instrumento en directo, y también toca el bajo en el disco *Poesía básica* de **Extrechinato y Tú**, grabó todas las líneas de bajo además de las habituales que le corresponden como guitarrista, instrumento que tocaba inicialmente en **Platero y Tú** hasta definirse como guitarrista. A Iñaki también tiene otro hobby: "*Yo juego al ajedrez, pero sólo con Roberto, yo soy jugador de ajedrez contra Roberto. Pero la afición principal cuando tienes un rato libre es irte con los amigos a liarla, y además a liarla, nada de tomarte un cafelito*".

Actualmente reside en Múgica, localidad donde, junto a Roberto Iniesta (guitarra y voz de **Extremoduro**) creó en 2006 la discográfica Muxik.

Compañeros de pupitre
en aquella vieja escuela.
Pasamos los mismos años
sin apenas diferencias.
Yo me di el bote en octavo,
Tú aguantaste otro año.
Canción *No me quieres saludar*, **Platero y Tú**

JUANTXU OLANO "MONGOL"

Juan José Olano Mesanza, "Mongol", nacido el 19 de enero de 1963 en Bilbao, ha sido bajista de la extinta banda de Rock&Roll **Platero y Tú**.

"*He currado en muchas cosas... Músico, albañil, 'diseñador' de portadas, restaurador de antigüedades, "furgonetero", pintor... Hoy en día me gano la vida de albañil (oficial de segunda) y me gasto lo que gano en hacer de músico por ahí. Mayor afición es tocar Rock&Roll y pasármelo bien. También suelo ir a pescar y tengo una pequeña huerta donde planto tomates. Marihuana no planto... (risas) Seguro que nadie me cree*[30]", reconoce el bajista. Como diseñador de portadas: "*siempre me había gustado dibujar y me parecían una mierda las portadas que nos proponían para nuestros discos, al final las portadas las "diseñábamos" nosotros... Así que decidí que mejor las hacía yo. Nunca he sido "diseñador" simplemente dibujaba o hacia portadas*".

Respecto a gustos musicales, le han interesado más grupos como **Ted Nugent** que **Kortatu**.

Actualmente milita junto con el batería Jesús García, también ex de **Platero y Tú**, en la banda **La Gripe**. Un proyecto musical creado junto

---

[30] Extraído de la entrevista de www.lunaazul.org.

a Txema Olabarri, un amigo de la infancia y compañero de colegio, que también se ha movido en el mundo del Rock&Roll. Después de militar en **Arlekín** y en **Sedientos**, más tarde se unen Jesús García, compañero de Juantxu en **Platero y Tú**, y Gatxet, un guitarrista un poco loco que ha formado parte de bandas míticas del Punk bilbaíno: primero en **Naste Borraste** y más tarde en **Zer Bizio?**.

> *"Los conciertos que estamos haciendo están*
> *teniendo su respuesta por parte de la gente"*
> Jesús García

JESÚS GARCÍA "MAGUILA"

Jesús García Castilla, "Maguila", nacido el 4 de diciembre de 1967 en Bilbao, ha sido batería de la extinta banda de Rock&Roll **Platero y Tú**. Tras la ruptura y fruto de sus ganas, montaron **La Gripe**, un cuarteto de Rock urbano. A Juantxu y a él les surgió la necesidad de seguir tocando, *"porque llevamos un montón de años haciendo lo mismo. Reclutamos a Txema, con el que siempre hemos mantenido contacto, elaboramos ideas, y después cogimos a Gatxet, todo por necesidad. Los cuatro conservamos las influencias de cuando éramos más jóvenes, el rollo de los 70 y 80. No estamos por nada nuevo, aunque escuchamos de todo. Al componer, nos salen temas clásicos. Ya, la influencia de los 70 se percibe en los desarrollos largos y guitarreros. En directo hay algún instrumental típico de esos años, pero ya no vivimos en esa época y tampoco debemos cebarnos con los desarrollos instrumentales. A la hora de componer no decimos -esto hay que hacerlo así-, va como nos sale. Tampoco andamos buscando fórmulas ni nos transformamos"*[31].

Lo movieron por sellos amigos que les pintaron horizontes oscuros y al final han debutado en DRO, que les ha planteado una colaboración particular, pues el grupo grabó y pagó por su cuenta el disco, titulado *Empapado en sudor*, y el sello se encarga de fabricarlo, distribuirlo y promocionarlo, aunque esto sin demasiado esfuerzo.

Uno de los mayores hobbies de este genial batería son las motos, tal como declara en las entrevistas del video VHS *A Pelo*.

---

[31] Reportaje de Óscar Cubillo en El Evasión, El correo.

*"Yo estoy en el Rock&Roll para tocar mis canciones,
si me quitas eso no le encontraría la gracia al asunto"*
Fito Cabrales

COMPOSICIÓN

Fito Cabrales empezó con Platero como guitarrista y cantante, pero en bandas anteriores sólo tocaba la guitarra, pero él no se ve ni como guitarrista ni como cantante, simplemente ve que hace canciones y que puede hacer su música. El cantante siempre ha reconocido que: *"yo estoy en el Rock&Roll para tocar mis canciones, si me quitas eso no le encontraría la gracia al asunto"*. En sus composiciones no hay una regla fija: *"normalmente cuando sacas algo con la guitarra lo haces cantando ya algo encima, pero a veces las melodías de voz se han hecho en el local, en otras, el grupo le da la vuelta a la música que trae cada uno, y en alguna ocasión se ha puesto la letra cuando estaba la música ya acabada"*. Aprovecharon que: *"Iñaki tenía una grabadora y con eso durante mucho tiempo me apañé para ir grabando lo que se me ocurría, lo que luego acabarían siendo las canciones de Platero"* reconoce el vocalista. *"En Górriz, cuando vivía en un piso con mi mujer y los críos, me encerraba en la cocina. Cuando nos mudamos a la otra casa ahí tenía un estudio en el sótano. Maniático no soy, lo apunto en un cuaderno o en cualquier hoja. A veces tengo ideas en los viajes o los hoteles y por no tener una grabadora a mano se me ha olvidado algo que sólo recordaba que era genial, que a lo mejor luego era una puta mierda. Pero nunca me acuerdo de llevarla. Lo que sí me suele pasar es que me obsesiono, siempre tengo una canción en la cabeza, una idea rondando que no me deja parar, hasta que un día me sale y me la quito de encima. A veces, no es ya que no me deja dormir, es que ni tengo putas ganas de irme a la cama a intentarlo"* reconoce Fito.

Tenían un repertorio bastante sólido, habían currado bastante durante mucho tiempo, y se habían juntado con canciones que cada uno había hecho hacía mucho tiempo, sus primeras canciones se podrían considerar más festivas. Se repartían los papeles más o menos igual el proceso era común desde el principio, estábamos todos metiendo ideas desde que prácticamente nacía la canción. *"Hasta ahora siempre han seguido esa línea. Normalmente las letras las suelo hacer yo y el resto las hace Iñaki, alguna también la ha hecho Juantxu. No nos gusta tampoco que sean demasiado reivindicativas ni demasiado alegres, me gusta que haya un equilibrio. Tampoco se puede estar todo el día diciendo "rompe los cristales" o que te emborrachas en la barra de un bar. Hay que hablar un poco de todo, de tus cosas también. Las del próximo disco son un poco más personales. Hablamos un poco más en primera persona y de nuestras cosas, que son las cosas de mucha gente; tampoco descubrimos ahí nada... Desde luego no nos gusta hacer canciones serias, para eso ya está Neruda que se lo hace de p.m., lo nuestro no es la poesía, son letras de canciones"* reconoce Fito Cabrales. *"Las canciones de Platero y Tú son realmente de todos. Lo normal en una banda de Rock es que sea el cantante o el guitarra el que hace las letras, pero a veces no es así. Aunque lo lógico es que sea el cantante"* nos cuenta el vocalista. Las canciones de **Platero y Tú** reflejan ese modo de vida. *"Era de lo único de lo que podíamos hablar, porque no teníamos otra vida. Y teníamos tantas cosas en contra que sólo podíamos olvidarnos de los problemas a base de fiesta. Porque aún era una locura pensar que le podíamos sacar un pavo"*.

Platero y Tú jamás ha grabado por grabar, ni parar cobrar royalties, ni han pensado en hacer la canción del verano, *"si estás en casa de Iñaki haciendo canciones, si haces una canción y piensas que no es buena ¿para qué coño la grabas? ¿Para cobrar royalties luego? ¿Para* *grabar por grabar? Es el camino malo"*, y no es lo que hicieron en su trayectoria como grupo. Se metían en un estudio lo antes posible: *"En aquella época (gira de Muy deficiente) íbamos sobrados, nunca tuvimos los típicos problemas de tener que componer a posta a toda hostia porque había fecha de estudio. Al contrario, le pedíamos a DRO que nos metiera lo antes posible, en cuanto teníamos canciones suficientes para un disco"*.

Fito Cabrales nunca ha tenido claro de dónde viene la inspiración, *"pero hay una cosa que tengo clara: si estás muy alegre no compones nada que merezca la pena... Normalmente, cuando estás peor te apetece más estar solo, y tocar la guitarra es un ejercicio que te ayuda a olvidarte un poco de lo que te rodea, quizá por eso es una situación más fecunda para escribir, sobre todo si eres del tipo de músico que le tiene que pillar la inspiración currando... Todo el mundo se enamora y se desenamora, y las pasas putas, que lo quieras contar es otra historia. Hay gente que le parece que contar una historia de amor le hace parecer más blando. A mí me parece que mostrar tus sentimientos es lo más duro que puedes hacer, muy sincero"*. A Fito le costaba mucho expresar sus sentimientos, pero al conocer a Roberto Iniesta, y ver como él expresaba las cosas, eso le marcó profundamente, y creó un estilo que influyó mucho en Fito: *"decía las cosas a la cara sin ser pastelero"*. Al vocalista siempre le ha resultado más difícil hacer letras qué música, *"siempre tengo ideas musicales y una letra lleva su tiempo, pero me resultan mucho más gratificantes... Es muy diferente escribir una letra para una canción que un poema, la música te va a dar ritmo, melodía, entonación, le va a dar vida a lo que escribes, de hecho hay poemas muy sencillos que son dificilísimos de musicar... Desde que una letra sale de mi cabeza está asociada a lo que va a sonar; aunque me como mucho más la cabeza con las letras, hacer música es algo que me sale mucho más natural. Me puedo poner a tocar con unos colegas y es divertido, sin pretensiones, pero cuando escribo una letra tengo que estar solo y a veces no es nada divertido, me obsesiono. Estás todo el puto día dándole la vuelta a algo, porque tampoco me gusta contar cuentos, contar una historia cualquiera o algo que he oído por ahí, tiene que ser algo personal, que lo que yo diga sea de verdad. Si vas a cantar algo delante de diez mil tíos, cada frase que diga la tengo que sentir, tengo que creer en ella, porque si no... Cuando tengo la letra enterita, y puedo tocarla con la guitarra. Se la enseño a Iñaki, a quién esté tocando conmigo en ese momento, a mogollón de amigos que no tienen nada que ver con la música... Tampoco tengo una manía especial para eso. Pero sí que me gusta saber lo que piensan quienes están cerca, me fío mucho. Aunque si me empeño en algo soy muy rarito, por mucho que me digan que está mal, no lo voy a cambiar. Si no trabajase con Iñaki, que es amigo de verdad y se puede poner cabezón conmigo, sería muy complicado. Él sabe cómo convencerme cuando cree que es necesario cambiar algo, porque sabe que le tengo mucha confianza; no me gustaría trabajar con otro productor, por mucho nombre que tuviera, porque no pongo mis canciones en manos de nadie. Yo me tiro mucho tiempo trabajando cada canción, me cuesta mucho que alguien las escuche una vez y me diga que están mal. Pero si me gusta tocárselas a la gente, te pueden dar alguna idea, algo que no te hayas fijado y pueda mejorar la canción".*

El vocalista, Fito Cabrales tiene canciones que ni quiere tocar: "*Hay canciones que no quiero tocar, porque de repente tienen una frase que no quiero decir. En esta gira ha habido muchos temas que no he querido tocar, o me resultaba muy duro hacerlo. Como 'Corazón oxidado', que no podía con ella, aunque algún día la toco, si me veo con ánimos. Pero hay que aprender a desenfocar, hay canciones que son parte de un momento de tu vida, pasado, e igual que hay veces que dejas de tocar una porque te hace daño, otras simplemente es porque ya no ves las cosas así. Y otras pueden volver a sonar porque son parte de algo que ya ha cicatrizado, y aunque no sea agradable la canción está ahí y te gusta, también es una manera de pasar página".* Y otras canciones que resultan intocables: *"Las letras son intocables. La música sí que me gusta cambiarla a mi bola, la de* **Rebeldes***, las de* **Leño** *que hago… Ellos tenían su manera de verlas y yo la mía, porque además soy incapaz de hacer lo que ellos, y para eso ya está la original. A mí me gusta darles vueltas a las canciones que me gustan mucho, me pongo con ellas y busco la manera de hacerlas a mi manera, pero la letra es diferente. Creo que eso es algo muy personal que no se debe cambiar; Si quiero decir algo sobre mí para eso tengo mis canciones".*

El compositor y vocalista, Fito Cabrales, no elige lo que quiere hacer, según él: *"me sale, no puedo ponerme a pensar si el siguiente disco lo voy a hacer con una big band y pensar en los arreglos, según van saliendo las canciones me van pidiendo un sonido u otro… En el disco anterior, Lo más lejos a tu lado, tuve un problema, que cada canción podía tocarla de tres formas, y me volvía loco… Tú en la cabeza la tienes de una manera y lo complicado es transmitírsela a los músicos cómo la quieres realmente. A veces hay canciones que tratas de hacerlas de una manera, luego de otra y al final ves que como realmente te gusta es sólo con guitarra y voz".*

"El miedo es quedarte sin nada que contar. Y ese miedo existe en casi todos los músicos con los que he hablado, y es diario. Si estás un día sin que se te ocurra nada, ya te crees que nunca vas a volver a escribir algo que merezca la pena. Intentas no preocuparte, todos te cuentan que han tenido sus baches, pero en el fondo, y eso me está pasando ahora, hechas en falta ese subidón que te viene cuando has escrito una canción.

Tú escribes una canción, y piensas que es buena y sales a la calle y te crees que eres Dios, pero al día siguiente ya tienes que volver a empezar, y si no te sale nada te crees acabado, porque un músico sin canciones ¿para qué coño vale?. Lo de hacer canciones le da sentido a tu puta vida, porque en mi caso si no cuento nada nuevo a la gente creo que la estoy engañando" reconoce el vocalista.

"Con Platero hicimos giras muy cutres, pero creo que son necesarias para luego saber apreciar lo que tienes cuando las cosas te van mucho mejor"

Fito Cabrales

DIRECTOS

En escena, Fito es sin duda el alma del grupo, llevando a su público hasta donde le da la gana, jaleándole, o recitándole versos de **Extremoduro** entre tema y tema…. Iñaki se muestra como el más activo de los cuatro, marcándose excelentes y divertidos punteos, y dando botes por todos lados… Juantxu, que tal vez parece el menos comunicativo, se pasa toda la actuación dando saltos y disfrutando como un enano… a Jesús no se le ve mucho… La conexión del escenario y el público es total[32].

Fito Cabrales reconoce que: *"con Platero hicimos giras muy cutres, pero creo que son necesarias para luego saber apreciar lo que tienes cuando las cosas te van mucho mejor… En directo, eso sí, no había lugar para el aburrimiento, seguíamos funcionando, pero es que nunca me he aburrido en un escenario, es una historia visceral, al menos en Platero siempre lo fue y supimos dejarlo antes de que saliéramos a engañar a nadie… Hubo conciertos malos al final, pero como los hubo al principio"*. Pero el ir tocando en grandes ciudades fue muy positivo para el grupo, empezaron a coger confianza en los directos. Antes de la publicación de '*Vamos tirando*', el grupo había tocado entorno a 200 conciertos…*"casi es como si Madrid fuera un vértice de un triángulo hacia arriba, Burgos, Segovia, Valladolid, Barcelona, Zaragoza y aquí a tope"* dice Fito.

¿Qué significa un concierto para los miembros de **Platero y Tú**?: A Juantxu Olano: *"siempre me ha gustado más el directo. El estudio está*

---

[32] Reportaje de Pablo Navas.

también muy bien para rizar el rizo y que suene todo muy bonito... Pero la fuerza de un directo es imposible de trasladar a un estudio". Y los dos conciertos en los que más disfrutó tocando el bajista: *"Hay muchos y cada uno por una causa concreta... Una vez que tocamos en directo en la entrega de los premios de la música con* **Rosendo***, que tocamos 'Maneras de Vivir' y lo televisaron. El segundo de los dos días que tocamos en el Palacio de los Deportes de Madrid, el que se quemo, junto con* **Extremoduro***".* Y para Jesús García: *"una vez que tienes el disco parece que ya no es necesario presentarlo, pero claro, no hay más remedio que hacerlo, pero los conciertos son el lugar ideal para dar de todo. Si sólo tocásemos el disco la gente se nos echaba encima. Hacemos temas de los diez años de nuestra carrera".*

Platero y Tú ha tocado en muchos festivales, e Iñaki 'Uoho' Antón explica lo complicado de los mismos: *"Te pones súper nervioso, las pruebas de sonido estás preocupado de que salga bien... Sin embargo los conciertos tuyos, que haces con otro grupo, y haces tú pruebita... La respuesta en los festivales suele ser guay, sacas la conclusión de que puede ir mucha gente a verte y estar contenta con lo que haces, te crece el ego, aunque siempre un concierto de estos por principio es peor que un concierto del grupo a secas. La filosofía es divertirnos tocando... pero en los grandes festivales tocando te lo pasas peor... Seguro que ves un mejor concierto de Platero ante 500 personas".*

Para sacar todo el jugo a sus conciertos, y ofrecer un mejor espectáculo y sonido: *"Para tocar prefiero dos guitarras, te da una vida de la hostia. No me molaría estar en el escenario sin guitarra, sólo cantando, no sabría qué hacer. Eso me viene de Iñaki, que a él siempre le gustaba hacer duelos y me ponía a hacer punteos, escuchábamos mucho a* **Wishbone Ash***. Dos guitarras te dan posibilidad de hacer muchas* *historias. Alguna vez he salido a cantar invitado al concierto de algún colega me he sentido rarísimo, me agarraba al micro como una lapa. Era como si me faltara un miembro*" reconoce el vocalista.

Y no existirían los conciertos sin sus seguidores, que son de los más fieles de todo el panorama nacional: "*los conciertos se llenan y la gente nos sigue por toda España. Nos gusta especialmente, que cada vez vemos caras más jóvenes en los conciertos. Es realmente halagador, la gente se renueva*". Para Fito Cabrales significa mucho su público: "*Cuando dejas de cantar en un concierto y ves que la gente la corea, que ha hecho suya algo que has parido tú. Eso es lo mejor que te puede pasar en el mundo. La primera vez que vi a un grupo de verbena tocar una canción mía, creo que era Rock en tu cuerpo, fue como si me hubieran dado un Grammy. Si me quitas eso, ¿qué me queda?*".

Los últimos conciertos, que fueron tres días en la Riviera en Madrid, según Fito "*nos lo tomamos como una fiesta. Resultaba raro pensar que era la última vez que íbamos a tocar juntos como Platero. Pero fue como siempre, porque nosotros no hemos tocado para que la gente se lo pase de puta madre, eso viene después, tocamos porque nos gustaba más que nada en el mundo tocar*".

Y Fito nos compara lo que fueron las giras de **Platero y Tú** y **Fito & los Fitipaldis**: "*las giras con Platero no tienen nada que ver con las que hago yo ahora. Era todo más casero. Después de cada concierto siempre salíamos de marcha, nos machacábamos, todo el día de fiesta. No teníamos responsabilidad ninguna, nadie nos la pedía, incluso íbamos a veces de empalmada al siguiente concierto*".

DISCOGRAFÍA

Voy a acabar borracho (Welcome Records, 1991)

Canciones: *Voy a acabar borracho, Tiemblan los corazones, Un Abecedario sin letras, Por detrás, Si tú te vas, Mira hacia mí, No me quieres saludar, La maté porque era mía, Ya no existe la vida, Déjame en paz, Ramón* e *Imanol*.

Músicos: Adolfo Cabrales "Fito", Iñaki Antón "Uoho", Juantxu Olano "Mongol", Jesús García "Maguila".

Letras y Música: A. Cabrales e I. Antón. Excepto: *Un ABC sin letras* y *Ya no existe la vida* de A. Cabrales. *Ramón* y *Mira hacia mí* de I. Antón. *No me quieres saludar* de J. Olano. *Si tú te vas* de A. Cabrales, I. Antón, J. Olano y J. García.

Técnicos de sonido: Jaume Sitges (1991). Aitor Ariño (1996).

Productor: Platero y Tú.

Grabado en los Estudios Lin, Barcelona (1991). Reedición en Lorentzo Records, Vizcaya (1996).

Formato: LP (Welcome Records, 1991). CD, K7 (Dro East West S.A., 1996)

Burrock'n'roll (Dro East West S.A., 1992)

Canciones: *Un ABC sin letras, Ramón, No me quieres saludar, Vamos a ponernos muy bien, Si tú te vas,* ¡Déjame *en paz!, Canción pa' ti, ¿Cómo has perdido tú?, Mira hacia mí* y *Ya no existe la vida*.

Músicos: Adolfo Cabrales "Fito", Iñaki Antón "Uoho", Juantxu Olano "Mongol", Jesús García "Maguila".

Letras y Música: A. Cabrales e I. Antón. Excepto: *Un ABC sin letras* y *Ya no existe la vida* de A. Cabrales. *Ramón, Vamos a ponernos muy bien* y

Mira hacia mí de I. Antón. *No me quieres saludar* de J. Olano. *Si tú te vas* de A. Cabrales, I. Antón, J. Olano y J. García.

Técnicos de sonido: Platero y Tú.

Productor: Platero y Tú.

Grabado en los Estudios Arión, Navarra.

Formato: LP, CD, K7.

Muy deficiente (Dro East West S.A., 1992)

Canciones: *El roce de tu cuerpo, Rompe los cristales, Esa chica tan cara, Estás solo, Sin solución, No hierve tu sangre, Contaminamos, Meando en la pared, Desertor* y *Cantalojas.*

Músicos: Adolfo Cabrales "Fito", Iñaki Antón "Uoho", Juantxu Olano "Mongol", Jesús García "Maguila".

Letras y Música: A. Cabrales e I. Antón. Excepto *El roce de tu cuerpo* de Platero y Tú y *Meando en la pared* de J. Olano, A. Cabrales e I. Antón.

Colaboraciones: Rosendo Mercado, Ángel Muñoz "el Reverendo" y el grupo Arma joven junto a Sergio Muñoz.

Técnicos de sonido: Ventura Rico.

Productor: Platero y Tú.

Grabado en los Estudios Box, Madrid.

Formato: LP, CD, K7.

Vamos tirando (Dro East West S.A., 1993)

Canciones: *A un tipo listo, Esta noche yo haría, No me hagas soplar, Marabao, Lo que os merecéis, R&R Batzokian, Bobo, Mari Madalenas, Tras la barra, Me dan miedo las noches, Mírame* y *No estoy loco.*

Músicos: Adolfo Cabrales "Fito", Iñaki Antón "Uoho", Juantxu Olano "Mongol", Jesús García "Maguila".

Letras y Música: A. Cabrales e I. Antón. Excepto: *A un tipo listo* de A. Cabrales, I. Antón y J. García, *R&R Batzokian* de J. Zabala, y *Me dan miedo las noches* y *Mírame* de Platero y Tú.

Colaboración: Ángel Muñoz "el Reverendo".

Técnicos de sonido: Ventura Rico.

Técnico en directo: Mateo Barandika.

Productor: Platero y Tú.

Grabado en los Estudios Box, Madrid.

Formato: LP, CD, K7.

Hay poco Rock&Roll (Dro East West S.A., 1994)

Canciones: *Somos los Platero (Pa' lo bueno y pa' lo malo), Hay poco Rock & Roll, Por fin...!!!, Tenemos que entrar, Si la tocas otra vez, Juliette, La vecina, Bebiendo del mismo vaso, La noche* y *Maldita mujer*.

Músicos: Adolfo Cabrales "Fito", Iñaki Antón "Uoho", Juantxu Olano "Mongol", Jesús García "Maguila".

Letras y Música: A. Cabrales e I. Antón. Excepto: *La vecina* de J. Olano, I. Antón y A. Cabrales. *Bebiendo del mismo vaso* y *Maldita mujer* de A. Cabrales, I. Antón, J. Olano y J. García.

Colaboraciones: Evaristo Páramos, Roberto Iniesta, Ángel Muñoz "el Reverendo" e Íñigo Muguruza.

Técnicos de sonido: Ventura Rico e Iñaki Antón.

Productor: Platero y Tú.

Grabado en los Estudios Box, Madrid.

Formato: LP, CD, K7.

A pelo (Dro East West S.A., 1996)

Canciones: **CD1** *A un tipo listo, Un ABC sin letras, Ramón, Bobo, Tras la barra, Por fin…, Voy a acabar borracho, Juliette, Esa chica tan cara, Me dan miedo las noches, Ya no existe la vida, Mira hacia mí, Hay poco Rock & Roll, Si tú te vas.*

CD2 *Mari Madalenas, El roce de tu cuerpo, Desertor, Marabao, Tenemos que entrar, Bobo* (Madrid) y *Muero por vivir* (Bonus track)

Músicos: Adolfo Cabrales "Fito", Iñaki Antón "Uoho", Juantxu Olano "Mongol", Jesús García "Maguila".

Letras y Música: I. Antón/A. Cabrales. Excepto *A un tipo listo, Me dan miedo las noches* y *Si tú te vas* de A. Cabrales, I. Antón, J. Olano y J. García.

Técnicos de sonido: Aitor Ariño y Platero y Tú.

Productor: Platero y Tú.

Mezclado y editado en Lorentzo Records.

Formato: 2CD, 1CD (DRO, 1997), K7

7 (Dro East West S.A., 1997)

Canciones: *Por mí, Si miro a las nubes, Rock'n'roll, Magia, Mujer, Alucinante, Mendrugos, Al cantar* y *Que larga es la noche.*

Músicos: Adolfo Cabrales "Fito", Iñaki Antón "Uoho", Juantxu Olano "Mongol", Jesús García "Maguila".

Colaboraciones: Roberto Iniesta, Manrique Cabrales, Javi Alzola, Patxi Urtxegui y Elies Hernandis.

Letras y Música: A. Cabrales e I. Antón. Excepto: *Rock'n'Roll* y *Que larga es la noche* de A. Cabrales, I. Antón, J. Olano y J. García.

Técnicos de sonido: Aitor Ariño y Platero y Tú.

Productor: Platero y Tú.

Mezclado en Lorentzo Records, Vizcaya.
Formato: CD, K7

Correos (Dro East West, 2000)
Canciones: *Cigarrito, Un ticket para cualquier lugar, Entre dos mares, Caminar cuesta arriba, Naufragio, Entrando cruzado, Salvaje, Humo de mis pies, Me da igual, ¿Qué demonios?* y *Pero al ponerse el sol* (Bonus track).
Músicos: Adolfo Cabrales "Fito", Iñaki Antón "Uoho", Juantxu Olano "Mongol", Jesús García "Maguila".
Letras y Música: Adolfo Cabrales e Iñaki Antón. Excepto: *Entre dos mares*: letra y música de A. Cabrales, I. Antón y J. Olano. *Un ticket para cualquier lugar* y *Caminar cuesta arriba*: letra: Edorta Aróstegui, música: A. Cabrales e I. Antón. *Pero al ponerse el sol* de J. Keller y Blume Dave.
Colaboraciones: Roberto Iniesta y J.A. Bátiz.
Técnicos de sonido: Iñaki Antón y J.A. Bátiz.
Productor: Platero y Tú.
Grabado en La casa de Iñaki, Vizcaya. Mezclado en Lorentzo Records, Vizcaya.
Formato: CD, K7.

Hay mucho Rock'N'Roll. Volumen 1 (Dro East West S.A., 2002)
Canciones: *Voy a acabar borracho, Bobo, Esa chica tan cara, Mari Madalenas, El roce de tu cuerpo, Tras la barra, Por mí, Esta noche yo haría, Me dan miedo las noches, Ramón, Rompe los cristales, Somos los Platero, Hay poco Rock & Roll, Sin solución, Cantalojas, Si tú te vas* y *Cigarrito*.

Músicos: Adolfo Cabrales "Fito", Iñaki Antón "Uoho", Juantxu Olano "Mongol", Jesús García "Maguila".
Productor: I. Antón.
Formato: CD + DVD

Hay mucho Rock'N'Roll. Volumen 2 (Dro East West S.A., 2005)
Canciones: *Tiemblan los corazones, Ya no existe la vida, ¿Cómo has perdido tú?, Un abecedario sin letras, Alucinante, Si la tocas otra vez, Bebiendo del mismo vaso, No hierve tu sangre, Juliette, La noche, Mira hacia mí, Entre dos mares, La maté porque era mía, Al cantar, Contaminamos, No me quieres saludar, Maldita mujer* e *Imanol*.
Músicos: Adolfo Cabrales "Fito", Iñaki Antón "Uoho", Juantxu Olano "Mongol", Jesús García "Maguila".
Productor: I. Antón.
Formato: CD + DVD

SINGLES y MAXI SINGLES
1992 – DRO, del disco *Burrock'n'roll*. Canción: *Un ABC sin letras*. Formato vinilo 7".
1992 – DRO, del disco *Muy deficiente*. Canción: *Rompe los cristales*. Formato vinilo 7".
1992 – DRO, del disco *Muy deficiente*. Canciones: *El roce de tu cuerpo* y *Cantalojas*. Formato vinilo 7".
1992 – DRO, del disco *Muy deficiente*. Canciones: *Esa chica tan cara* y *Sin solución*. Formato vinilo 7".
1993 – DRO, del disco *Vamos tirando*. Canción: *Mari Madalenas*. Formato vinilo 7".

1993 – DRO, del disco *Vamos tirando*. Canción: *Esta noche yo haría*. Formato vinilo 7".

1993 – DRO, del disco *Vamos tirando*. Canciones: *No me hagas soplar* y *R'n'R Batzokian*. Formato CD.

1993 – DRO, del disco *Vamos tirando*. Canciones: *Tras la barra, Mari Madalenas, Esta noche yo haría* y *No voy más lejos* (Versión en directo de Leño). Formato CD.

1994 – DRO, del disco *Hay poco Rock&Roll*. Canción: *Si la tocas otra vez*. Formato vinilo 7".

1994 – DRO, del disco *Hay poco Rock&Roll*. Canción: *Si la tocas otra vez*. Formato CD.

1994 – DRO, del disco *Hay poco Rock&Roll*. Canción: *Hay poco Rock'n'Roll*. Formato CD.

1994 – DRO, del disco *Hay poco Rock&Roll*. Canción: *Juliette* (4 versiones) y *Cantalojas*. Formato CD.

1996 – DRO, del disco *A pelo*. Canción: *Voy a acabar borracho*. Formato CD.

1996 – DRO, del disco *A pelo*. Canción: *El roce de tu cuerpo*. Formato CD.

1996 – Especial Cadena 100. Canciones: *Cantalojas, Sin solución, Muero por vivir, Si tú te vas, Juliette* (versionada por Robe) y *Yo qué sé*.

1998 – DRO, del disco *7*. Canciones: *Por mí* y *Que larga es la noche*. Formato CD

1998 – DRO, del disco *7*. Canción: *Al cantar* (2 versiones). Formato CD

1998 – DRO, del disco *7*. Canción: *Si miro a las nubes*. Formato CD

1998 – DRO, del disco *7*. Canción: *Alucinante*. Formato CD

2000 – DRO, del disco *Correos*. Canción: *Naufragio*. Formato CD.

2000 – DRO, del disco *Correos*. Canción: *Entre dos mares*. Formato CD.

2000 – DRO, del disco *Correos*. Canción: *Un ticket para cualquier lugar*. Formato CD.

VIDEOGRAFÍA

A pelo (Dro East West, 1996)

Canciones (directo): *A un tipo listo, Un ABC sin letras, Mari Madalenas, El roce de tu cuerpo, Marabao, Tenemos que entrar, Ramón, Tras la barra, Esa chica tan cara* y *R&R Batzoniak*.

Formato: VHS

Hay mucho Rock'n'Roll. Volumen 1 (Dro East West, 2002)

Canciones (videoclips): *No me quieres saludar, Si tú te vas, Rompe los cristales, Esta noche yo haría, Hay poco Rock & Roll, Juliette, Alucinante, Al cantar* y *Naufragio*.

Formato: DVD

Hay mucho Rock'n'Roll. Volumen 2 (Dro East West, 2005)

Canciones (directo): *Somos los Platero, No hierve tu sangre, La maté porque era mía, Mendrugos, Alucinante, Desertor, Voy a acabar borracho, Tras la barra, Rock'n'Roll* y *Al cantar*.

Formato: DVD

PARTICIPACIONES DE PLATERO Y TÚ

A todo gas (Oihuka, 1993)

Disco en directo de Platero y Tú, Zer Bizio? Y Sedientos

Canciones: *Voy a acabar borracho, Tu pelo rojo* y *Cansado*.

Mucho tequila! (Sony, 1996)
Disco homenaje al grupo **Tequila**.
Canción: *Y yo que sé*.
Interpretada: Platero y Tú y Extremoduro.

La música más kañera y koñera de El Jueves
Disco recopilatorio de varios grupos para El Jueves.
Canción: *No me hagas soplar*.

Bares canallas (Sony Music Entertainment Spain SA, 2001)
Disco editado tras el corto Soberano, el rey canalla.
Canción: *Un ticket para cualquier lugar*.

BSO La fiesta (Dro East West S.A., 2003)
Banda Sonora Original de la película La fiesta.
Canción: *El roce de tu cuerpo*.

BSO Muertos de risa (Dro East West S.A., 1999)
Banda Sonora original de la película Muertos de risa.
Canción: *Pero al ponerse el sol*.

COLABORACIONES DE PLATERO Y TÚ

The Flying Rebollos en *Esto huela a pasta*, con la canción *Mis amigos*.
Extremoduro en *Rock Transgresivo*, con la canción *Jesucristo García*. En *Pedrá*, con la canción *Pedrá*. En *Canciones Prohibidas*, con la canción *Golfa*, y otras.
Marea en *Besos de perro*, con la canción *Pan duro*.
La Fuga en *Calles de papel*, con la canción *Sueños de papel*.

Doctor Deseo en *Suspira... y conspira*, con las canciones *Hay un tesoro en tus lágrimas* y en *Mientras dura este beso*.

Despistaos en *Lo que hemos vivido*, con la canción *Es importante*.

Afónicos Perdidos en *Sin dar marcha atrás*, con la canción *Primera plana*.

La Gripe en *Empapado en sudor*, con la canción *Tu cálido aliento*.

Gatibu en *Zoramena*, con la canción *Urepel*.

Radio 13 en *Entre amigos*, con la canción *El Bar del Buen Humor*.

Resaka en *La Balanza*, con la canción *Pan duro*.

Loquillo y Trogloditas, regrabada *Luché contra la ley*.

Y otras muchas…

VERSIONANDO A PLATERO Y TÚ

La Fuga en un juguete por navidad, con las canciones: *Al cantar* y *Cantalojas*.

La Fuga y **Despistaos** también han versionado: *El roce de tu cuerpo*.

Fito & los Fitipaldis han versionado: *Mari madalenas* y *Alucinante*.

BIBLIOGRAFÍA

JUVENTUD, IDENTIDAD Y CULTURA: EL ROCK RADICAL VASCO EN LA DÉCADA DE LOS 80
Paulí DÁVILA BALSERA; Josu AMEZAGA ALBIZU.
Universidad del País Vasco, 2003

Reportaje: EL "ROCK" ES MÁS DURO EN EL NORTE
Gabriela Cañas. 1986

CULTURA DE BAR: CONVERSACIONES CON FITO CABRALES
Darío Vico, Iberautor Promociones Culturales, 2005

SOY TODO LO QUE ME PASA
Fito Cabrales, Ara Llibres, 2008

LOS PRIMEROS PASOS DE... FITO CABRALES
Roadhouse Rock Magazine, David Little, 2009

Fanzine MALA VIDA
Número: 2. 1993

Revista KERRANG
Números: Varios
Revista HEAVY-ROCK

Revista POPULAR 1, ROCK'N'ROLL MAGAZINE
Especial, número 189. Julio 1998, Otros

Revista METAL HAMMER

Número 157. Diciembre de 2000

Otros

Revista FREE ROCK

DIARIO VASCO DEVÓRAME

4 de Septiembre 1992

REVISTA EFE EME

Número 44, Diciembre 2002

MEDIAGRAFÍA

Video: BILBOKO ROCK & ROLLAREN HISTORIA

Emitido por la ETB en Febrero de 2010.

Video: ASTEKARIA – El Semanario

Emitido en TVE en 1987.

Video: MUSICA EN LA VENAS. EL FACTOR HUMANO

Emitido en la ETB en 2003.

Video: SALDA BADAGO: LOS INICIOS DEL ROCK VASCO

Iker Trebiño, 2002.

Video: A PELO

Dro East West S.A., 1996

WEBS:

Biografía de Platero y Tú, Discografía.	www.plateroytu.com
Biografía del grupo	www.es.wikipedia.org/wiki/Platero_y_Tú
Biografía de Extremoduro.	extremoduroenplasencia.blogspot.com
Blog del grupo En medio.	www.myspace.com/enmediorock
Página no oficial de Platero y Tú	.usuarios.multimania.es/elpeplas/
Historia de La Gripe.	jesukristogarcia.blogspot.com
Grupo A pelo y Tú.	www.myspace.com/apeloytutributo
Grupo Los Platero.	www.myspace.com/losplaterotributo
Página no oficial Platero y Tú.	www.platero.webcindario.com
Entrevista a Juantxu Olano	www.lunaazul.org

Página Platero y Tú

http://westwood.fortunecity.com/versace/512/inicial.html

Entrevista	www.elpais.com
Biografía de Tijuana in Blue	www.gordiscos.com
Biografías de Grupos Varios	www.lafactoriadelritmo.com
Reportaje. Rock Radical Vasco	www.elpais.com

Rock Radikal Vasco

http://www.45-rpm.net/antiguo/zonadistension/Escenas_rrv.htm

Disco Hay poco Rock&Roll   http://losarchivosdetyphares.blogspot.com

ÍNDICE DE GRUPOS   Página/s

A
A MEDIA TEA	101
A PELO Y TÚ	98, 99
AC/DC	56
AGONIZER	77
AFÓNICOS PERDIDOS	116
ALVIN LEE	104
ANESTESIA	9
ARLEKIN	117
ARMA JOVEN	42, 98

B
BARON ROJO	15, 84, 104, 109
BARRICADA	6, 10
BEER MOSH	9
BLACKMORE	15
BOB MARLEY	66
BOIKOT	9
BURNING	7, 15, 106

C
CAT STEVENS	105
CICATRIZ	109
COSA NOSTRA	77
CREEDENCE CLEARWATER REVIVAL	33
CUCHARADA	15

D
DEEP PURPLE	15, 22
DESPISTAOS	96
DINAMITA PA LOS POLLOS	27
DIXEBRA	9
DOCTOR DESEO	26
DR. FEELGOOD	59
JORGE DREXLER	101

E
EAGLES	15
EH SUKARRA	26
EN MEDIO	72, 75
ESKORBUTO	6, 10, 12
ETSAIAK	9
EXTRECHINATO Y TÚ	79, 87, 116
EXTREMODURO	9, 18, 36, 55, 61, 67, 68, 69,

	70, 72, 76, 78, 79, 91, 95, 96, 115, 116, 127, 128
F	
FERMIN MUGURUZA	77
FITO & FITIPALDIS	76, 78, 79, 81, 83, 89, 90, 91, 92, 93, 95, 96, 110, 112, 116, 129
FLYING REBOLLOS	18, 26, 63, 64, 105
G	
GALLAGHER	15, 19, 104, 106, 109
GONTZAL ETA XEBERRI	8
GUERRILLA URBANA	9
H	
JIMI HENDRIX	104
HERTZAINAK	6, 7, 9, 10, 50, 52
K	
KORTATU	7, 10, 12, 117
KE RULE	65
L	
LA CABRA MECANICA	101
LA GRIPE	32, 96, 117, 119
LA INCONSCIENCIA DE UOHO	96, 118
LA POLLA RECORDS	6, 11, 12, 27, 55, 109
LED ZEPPELIN	72, 80
LEÑO	7, 15, 19, 41, 71, 72, 93, 101, 105, 106, 107, 125
LOS BRAVOS	84
LOS PLATERO	98, 99
LYNYRD SKYNYRD	15
M	
MAREA	96
MEMORIA DE PEZ	96, 116
MIKEL LABOA	7
MCD	6, 11, 12
N	
NASTE BORRASTE	117
O	
ORQUESTA PLATERIA	30
OTXOA	27
P	
LOS PISTOLS	7
Q	

QUÉ	19, 20
R	
RAMONCÍN	43
RAMONES	8
REBELDES	125
REINCIDENTES	9, 18, 60
MIGUEL RÍOS	104
RIP	6
ROSENDO	37, 41, 57, 93, 98, 101, 105, 109, 128
S	
SEDIENTOS	96, 117
SEX PISTOLS	8
SOZIEDAD ALCOHOLIKA	9, 12, 18
LOS SUAVES	9
STATUS QUO	15, 80
SU TA GAR	9, 12, 18, 26
T	
TED NUGENT	15, 117
TEQUILA	15
THE CLASH	8
THE KINKS	104
TIJUANA IN BLUE	11
U	
UFO	15
URBE	20, 106
URKO	7
V	
LAS VULPESS	11
W	
WISHBONE ASH	128
Z	
ZARUMA	6
ZER BIZIO?	11, 23, 49, 96, 117

AGRADECIMIENTOS

Al grupo por ofrecer tantos años de buena música.

A Aitor Barragán por dejarme el cedé 'Vamos Tirando', el primero que escuché.

A mi familia por darme su apoyo.

A Alfonso Cito por dedicarme su tiempo para completar la historia.

EL AUTOR

Jorge Franco Bustos (Palma de Mallorca, 1981). Estudia el 12th grade en Sycamore High School (Cincinnati, OH), completando así sus estudios de Instituto en EEUU, para empezar al año siguiente la carrera de Publicidad y RRPP en el CEU San Pablo de Valencia. Abandonaría la carrera para iniciar la de Turismo en la Universitat de les Illes Balears, y más tarde estudiar en la misma Universidad un Postgrado en Gestión Empresarial de Calidad y Medio Ambiente, actualmente trabaja como Despachador de Vuelos. En el ámbito artístico ha participado en un Taller de Poesía del Grupo Cero (2001) y en alguna edición del Art Jove. Su primer ensayo fue 'Los Suaves somos todos' (2009) superando los 1.200 libros vendidos. 'Somos los Platero – Esto es Rock and Roll y nos somos Americanos' es su segundo ensayo.

www.ingramcontent.com/pod-product-compliance
Lightning Source LLC
Chambersburg PA
CBHW071223090426
42736CB00014B/2950